KB066442

일하고 싶은 경단녀를 위한
브랜딩 스타트업

일하고 싶은 경단녀를 위한 브랜딩 스타트업

초판 1쇄 2021년 09월 29일

지은이 강주연 ｜ **펴낸이** 송영화 ｜ **펴낸곳** 굿위즈덤 ｜ **총괄** 임종익

등록 제 2020-000123호 ｜ **주소** 서울시 마포구 양화로 133 서교타워 711호

전화 02) 322-7803 ｜ **팩스** 02) 6007-1845 ｜ **이메일** gwbooks@hanmail.net

© 강주연, 굿위즈덤 2021, *Printed in Korea*.

ISBN 979-11-91447-64-4 03190 ｜ **값** 15,000원

일하고 싶은 경단녀를 위한

브랜딩 스타트업

강주연 지음

굿위즈덤

지금 이 순간,
우리는 누구의
인생을 살고 있는가?

자기가 원하는 삶을 산다는 것은 남의 이야기인 줄로만 알았다. 특별한 재능이 없는 나와 같은 평범한 사람은 그냥 살던 대로 '관성의 법칙'으로 살아야 하는 줄 알았다. '모난 돌이 정 맞는다.'라는 속담을 들어본 적이 있는가? 나에게는 이 말이 무의식에 강하게 자리 잡고 있었다. 최대한 깎이지 않으려고 스스로 움츠리며 살아왔다. 자기주장을 하는 사람을 '모난 돌'이라고 생각했고, 자기주장을 하면 '정'을 맞는 줄 알았다. 겉으로는 평범해 보이는 내 인생은 사실 아무런 장비나 목적 없이 바다로 휩쓸려 나온 나룻배 같았다.

나의 삶이 비틀렸던 적이 있다. 안 좋은 상황들이 한꺼번에 닥쳐왔다. 당시에 주변 사람들은 나를 위로하기 위해 여러 조언을 해주었다.

"자기가 감당할 수 있을 만큼 힘듦을 주는 거래."

"이 시간들이 나중에 거름이 되기 위해 힘든 거래."

"웃어야 복이 온다."

부끄럽게도 당시에는 이 말들이 귀에 들어오지 않았다. 들으려 하지 않았다는 것이 더 정확한 표현일 것 같다. 당시 나는 '나' 자신보다 '나'를 힘들고 괴롭게 하는 주변 환경들에 더 분노했다. 나에게 힘든 일이 닥친 것에 대한 불만만 표출했지, 벗어나려고 하거나 빠져나가려는 시도조차 하지 않았다. 다른 사람들의 기준에 맞는 조건을 가지고 살아가기 위해 노력했고, 삶은 당연히 이런 것이라 생각했다.

아이 셋을 낳은 후, 내 마음이 계속 어떤 이야기를 건네왔다. 그런데 나는 그 말이 무슨 말인지 전혀 알아듣지 못했다. 나는 내 마음과 단 한 번도 이야기를 해본 적이 없었기 때문이다. 내 마음이 무슨 이야기를 하는지 알아듣기 위해서 나는 '나'에 대해 알기 위해 노력하기 시작했다. 다시 일을 시작하기 위해 공부했다.

내가 어떤 것을 좋아하는지, 어떤 일을 하고 싶어 하는지, 어떤 부분을 특히 잘하는지에 대해 알아가는 것은 의미 있는 시간이었다. 나의 강점을 이용하여 일할 때 에너지와 성취감, 자신감이 채워지는 것이 느껴졌다. 어느 순간, 난 무기력에서 벗어나 내 인생을 스스로 그려나가고 있었다. 이제야 주변 사람들이 나에게 해주었던 조언들이 진짜였음을 느꼈다. 그리고 혼자가 아니라는 것도 알았다. 내 옆에는 나를 지지해주고 도움을 주는 사람들이 많았다.

지금 이 순간, 당신은 누구의 인생을 살고 있는가?
당신 인생의 목표와 기준은 누구의 것인가?

우리의 인생은 다른 사람의 기준으로 평가될 수 없다. 우리는 모두 지구를 구하는 영웅이 되기 위해 태어난 것이 아니다. 그렇다고 아무 의미 없이 태어난 것은 더욱 아니다. 우리는 행복한 삶에 대한 각자의 기준이 있어야 한다. 그리고 그 기준을 스스로 적용하며 살 때, 우리의 삶은 특별해진다.

2021년 9월, 가을, 강주연

목차

들어가며   지금 이 순간, 우리는 누구의 인생을 살고 있는가?   005

1장 내 인생에는 나는 없었다 : 진정한 나다움 찾기

01 내 인생 브랜딩을 시작하기까지   015

02 내 인생에는 내가 없었다   021

03 수동적인 삶을 멈추고 싶었다   028

04 다시 한번 일어나기로 했다   035

05 어디서부터 다시 시작해야 할까?   043

06 바닥을 친 나의 자존감을 끌어올렸다   050

07 시야를 넓히자 보이기 시작한 것들   056

2장 셀프 브랜딩을 시작하다 : 나의 가치 깨닫기

01 왜 셀프 브랜딩을 할까?   067

02 나의 자아상을 파악하는 것이 먼저다   073

03 상처받았던 과거를 정리하는 법   080

04 내 안의 수많은 나를 만나다   087

05 나는 앞으로 어떻게 되고 싶은가?   093

06 나만의 가치를 찾아 드러내야 한다   101

07 무(無)에서 유(有)를 만들어내는 기술   108

08 결국 나의 정체성을 알아가는 일이다   115

3장 진짜 브랜딩에 빠지다 : 나에게 맞는 콘텐츠 찾기

01 나에게 맞는 콘텐츠(상품)를 찾는 법   125

02 소비자의 입장으로 접근하라   132

03 잘 팔리는 상품을 기획하는 원칙   138

04 온라인 시장을 겨냥해 상품을 만들어라   143

05 지피지기면 백전백승, 시장조사 하는 방법   151

06 필승 전략은 마케팅보다 네트워킹이다   158

07 어디에서 팔까? : 판매 매체 선택하기   164

08 지금까지처럼 해서는 절대 팔리지 않는다   171

4장 브랜드는 살아 있다 : 브랜드 스타트업의 실전

01 누구나 자신의 브랜드를 가지길 원한다   181

02 브랜딩에 대한 몇 가지 오해들   189

03 브랜드를 만드는 4단계 : 생성 · 시험 · 대중화 · 인식   196

04 브랜드 스토리는 강력한 무기가 된다   203

05 독보적인 브랜드 아이덴티티를 만들어라   212

06 디자인은 정말 중요하다 : 브랜드의 시각적 요소   219

07 처음부터 끝까지 결국 사람의 힘이다   224

08 브랜드는 나로부터 시작해서 사람들로부터 완성된다   232

5장 브랜드를 준비하는 사람들에게 : 도전하고 성취해내기

01 실패를 생각하면 시작할 수 없다   243

02 일보 후퇴는 실패가 아니다   250

03 남을 위할수록 풍요로워지는 비밀   257

04 내게 필요한 단계별 멘토를 찾아라   263

05 작심삼일로 끝내지 않는 4가지 스킬   270

06 아들 셋을 키우며 일할 수 있었던 시간 관리 비법   278

07 브랜드를 준비하는 사람들에게   286

1장

내 인생에는 나는 없었다

진정한 나다움 찾기

무의식을 의식화 하지 않으면 무의식이 삶의 방향을
결정하게 되는데 우리는 바로 이것을 두고 운명이라 부른다.

- 칼 융 -

01

내 인생 브랜딩을
시작하기까지

'진정한 나다움'을 찾아서

솔직히 고백하건대 나는 학교나 회사를 다니며 '브랜딩'을 배운 것이 아
니다. 어떤 대형 회사의 프로젝트를 맡아 '브랜딩'을 해본 경험도 없다.
무슨 말이냐고? 아이를 갖기 전 나는 이탈리아 패션 명품 회사인 B에 다
녔다. 그 브랜드에 일하러 다니니 그 브랜드의 간판이 '나'인 것 같았다.
어느 순간부터 나는 그 간판을 위해 무리를 하고 있었다. 회사를 나와 2
년의 방황의 시간을 가졌다. 제2의 사춘기였다. 방황이 거의 끝날 때쯤
아이를 가지게 되었다. 당연히 다음 순서로 해야 할 일이라고 생각했다.

세 아이를 낳은 후에 우울감이 찾아와 내 인생 최고의 자존감 바닥을 경험했다. 괴로웠지만 어떻게든 일어나 성장하고 싶은 마음이 들었다. 이대로 가라앉기는 싫었다. 이 시간들을 통해 처절하게 몸부림친 것이 나의 '브랜딩' 공부의 시작이었다.

처음에는 단순히 부업으로 얼마 이상을 벌면 나의 삶이 나아질 것이라 생각했다. 아이들을 돌보며 일을 시작할 방법은 인터넷이었다. 온라인 강의를 듣고 온라인스토어와 블로그 등 몇 개의 부업들을 시작했다. 그러나 여전히 갈증이 느껴졌다. 뭔가를 더 하고 싶은데 그게 무엇인지 알지 못했다. 그냥 시간이 흘러 때를 기다려야 하나 생각을 했다. 무엇인가를 시작했음에도 불구하고 아직 시작도 안 한 느낌이었다.

온라인 마케팅에 대해서 공부하기 시작했다. 단순히 올린 상품을 더 잘 팔겠다는 것을 넘어서 온라인 시장의 흐름과 마케팅 방법, 그리고 사람들의 반응에 대해 배우고 싶었다.

동시에 온라인스토어에 상품을 올리기 위해 제조사에 전화를 걸어 상품을 소싱하고, 필요한 경우에는 직접 찾아가 상품을 가지고 오기도 했다. 그러던 중, 코트라를 통해 박명진 위원님을 만나게 되었다. 박명진 위원님은 전국에 있는 제조공장들을 견학을 시켜주시며 공장의 사장님들을 소개해주셨다. 그렇게 위원님과 함께 제조공장들을 다니며 대단한 매출을 올리고 있는 공장들을 보고 공부가 많이 되었다. 그러나 사실 더 공부가 많이 되었던 곳은 매출이 일어나지 않아 고민하고 있는 공장들이었다. 어떤 공장들은 코로나로 인해 기존 오프라인 유통에 매출이 줄어 새로운 유통망을 고민 중인 곳도 있었고 그냥 이름을 붙이면 상품이 팔리는 줄 알고 자신 있게 상품을 만들었지만 팔리지 않아 고민 중인 곳도 있었다. 온라인 유통채널을 늘리기 위해 브랜딩을 고민 중인 곳도 있었다.

과거 브랜드 회사에 다니며 체득했던 브랜드의 전략이나 액션들이 떠올랐다. 그때 그 브랜드에서 어떻게 설명하고 어떻게 보여주었는지 머릿속에서 하나하나 생각났다. 그때 했던 과정들에 대해 브랜딩 이론을 접목해보니 프로세스가 정리되면서 신기하게도 연결이 되었다.

그리고 아이템을 정해 내 브랜드를 직접 만들어보고 싶었다. 이것저것 했던 프로세스를 대입해 그럴듯한 브랜드 이름과 로고를 만들었다. 뭔가 비어 있는 느낌이었다. 하나로의 연결이 부족했다. 그대로 상품에 이름을 붙여 브랜드를 런칭할 수도 있었다. 하지만 이대로 런칭했다가는 또 브랜드 간판을 위해 내 안에서 공허함이 들 것 같다는 생각이 들었다. 브랜딩의 실패로 재고를 안고 매출이 일어나지 않는 제조 공장들 생각이 났다.

그 찾지 못한 하나를 위해 다시 나의 이야기로 돌아왔다. 들여다보기 무서웠던 내 안을 마주하는 시간을 가졌다. 그리고 거기서부터 다시 브랜딩 공부를 하기 시작했다.

이 책은 브랜딩에 대해 이해하고 알고 있는 사람들을 위해 쓴 책이 아니다. 내가 브랜딩에 대해 대단한 무엇인가를 이루어내서 쓴 책도 아니다. 단지 '진정한 나다움' 없이 타인의 기준이나 잣대로 살아온 평범한 아이 엄마가 자아정체성을 찾고 그것을 통해 퍼스널 브랜딩과 브랜드 브랜딩을 하는 과정을 적은 책이다. 잠시 인생의 흐름이 막혀 어디로 가야 할지 길을 잃은 것처럼 느끼는 사람들에게 '당신의 안에도 특별한 무엇이 있어요. 다시 시작할 수 있어요.'라고 이야기 해주고 싶었다. 나는 단지 이 과정을 한 발자국 더 걸었을 뿐이다.

나에 대해 공부할 수 있다는 것은 행복이다

밀란 쿤데라의 『정체성』이라는 책에서 샹탈은 연하의 연인 장 마르크에게 "남자들이 더 이상 날 쳐다보지 않아."라는 이야기를 한다. 장 마르크는 샹탈을 기쁘게 하기 위해 시라노라는 이름으로 편지를 보내고 낯선 남자의 편지에 샹탈은 설렘을 느낀다. 타인의 환경과 가치관에 의해 나의 정체성이 수동적으로 형성되는 것을 보여주는 장면이다.

우리는 보통 나의 감정이 타인에 의해 좌우되고 정의된다. 과거의 나도 다르지 않았다. 학창시절 자신의 신념을 가지고 독특함과 개성이 있는 친구들은 오히려 이상한 아이 취급을 받았다. 내 안의 나를 발견하고 하고 싶은 일을 찾기보다 사람들이 선망하는 직장 또는 직업을 목표로 살았다.

엄마로서의 정체성을 찾고 나서 다시 '나'의 일을 하고 싶어졌다. 그렇게 셀프 브랜딩을 시작한 뒤 나만의 콘텐츠를 찾아 헤매다가 문득 이런 생각이 들었다. 나에 대해 공부하는 시간이 주어지기 위해 지금까지의 경험들을 겪어왔구나…. 학창시절에는 그렇게 꾸역꾸역 하던 공부였는데 지금은 나에게 주어진 이 공부 시간이 소중했다.

내 인생의 주인공은 '나'이다. 관객들은 이야기의 주인공이 매력적일수록 스토리에 열광한다. 내가 생각하는 멋있는 주인공을 떠올려보자. 스토리의 처음부터 끝까지 한결같이 무기력하거나 현실에 안주하는 삶을 사는 주인공은 거의 없다. 또 처음부터 끝까지 안하무인인 독재자나 이기적인 권력자도 주인공이 아니다.

작가는 이야기를 구성할 때 캐릭터 구성부터 시작한다. 캐릭터가 정해지지 않은 주인공은 스토리에 혼란만 가져올 뿐이다. 화려한 경력의 재벌 2세만이 주인공이 아니다. 대신 잘 짜인 스토리의 주인공들은 하나같이 자기 주관을 가지고 '나'만의 매력이 뿜어져 나온다.

누군가의 가치관을 바탕으로 살아왔다면 진정한 자신의 인생을 살았다고 말할 수 없다. 지금까지 그렇게 살아왔다고 하더라도 현재 내 모습

을 돌이켜보고 성장하고자 선택했을 때 나에 대해 공부를 시작할 준비가
되었다는 뜻이다. 나에 대한 공부를 시작할 수 있는 것은 행복이다. 그러
나 행복을 괴롭다고 느끼는 순간 이 행복은 더 이상 행복이 아니다. 우리
의 마음가짐에 달려 있다.

'내'가 주인공인 이야기가 시작되었다. '나'의 캐릭터를 살펴보고 입체
적으로 분석한다. 캐릭터는 준비가 되었다. 이제 시작이다.

02

내 인생에는
내가 없었다

갑자기 찾아온 실직, 모든 것을 잃은 것 같았다

"오늘까지만 나오고 내일부터는 나오지 않아도 돼요."

첫 직장인 H사에 3개월이 좀 안되게 다녔을 때 일이었다. 청천벽력이었다. 팀장님은 아침에 출근하자마자 나를 회의실로 불러내 통보했다. 마음속에서는 오만가지 감정이 뒤섞여 있었다. 그중에서 가장 큰 것은 창피함과 막막함이었다. 집에 가서 친구들과 부모님께 말씀드릴 일이 상상이 되어 괴로웠다. 다시 취업 준비를 해야 한다고 생각하니 암담했다.

며칠 동안 침대에서 벗어나지 못할 정도로 울었다. 집안에는 나로 인해 싸늘한 분위기가 가득했다. 첫 직장에서 3개월도 안 돼서 잘리다니…. 내 인생에서 일어날 것이라고 예상하지 못했던 일이었다. 직장을 잃고 나니 '나'의 모습도 없어지는 것 같았다. 친구들을 만나도 그 전과 다르게 위축이 되었다. 점점 더 밖에 나가기 싫어졌다. 왜 어른들이 공무원과 전문직을 해야 한다고 귀에 딱지가 앉을 정도로 말씀하셨는지 이해가 되었다.

직장을 다니지 않았을 때의 상실감을 견디기 힘들어 기필코 회사에 취직을 다시 해야겠다는 마음이 강해졌다. 다시 여러 회사에 닥치는 대로 서류를 넣고 면접을 보는 생활이 시작되었다. 좋은 직장에 취직을 하고 싶은 강한 바람이 있었지만 한편으로는 '또 잘리게 되면 어떡하지.'라는 생각에 잔뜩 마음이 위축되었다. 게다가 우리나라 패션계 회사 중 탑이라고 불리는 곳에서 일한 지 3개월도 안 돼 잘렸으니 다른 회사들도 나에게 같은 평가를 내릴 것만 같았다.

역시나 이력서를 넣는 대로 떨어졌다. 어쩌다가 운이 좋게 면접까지 보게 되어도 위축된 모습 때문인지 뜻대로 잘되지 않았다. 이러다간 취직을 못할 것 같은 불안함에 점점 내 전공과 무관한 곳에도 서류를 넣었다. 당시에는 어디라도 좋으니 회사에 소속만이라도 되었으면 좋겠다고 생각했었다.

그 브랜드가 마치 내 이미지인 것처럼 일했다

몇 달 후, 친구에게 전화가 왔다. 그 친구가 다른 회사의 정직원으로 채용되어 기존에 인턴으로 다니던 회사를 그만두게 되었다는 소식이었다. 설상가상으로 그 팀의 팀장님이 조만간 출산휴가에 들어가게 되었다고 했다. 급하게 단기로 일할 인턴이 필요했던 그 회사는 채용사이트에 공고를 올릴 겨를도 없어 주변 사람을 물색하고 있었다. 친구는 나에게도 한번 지원해보라고 했다. 그 회사는 바로 이탈리아 명품브랜드 B사였다. 가슴이 두근거렸다. 비록 정규직 전환이 보장되지 않은 단기 인턴 자리고, 하는 일이 단순 사무직이어도 꼭 입사하고 싶었다. 그 회사에 다니면 내가 그 명품 브랜드의 이미지를 가질 수 있을 것 같았다.

그날부터 그 회사에 인턴으로 들어가기 위해 필요한 업무들을 익히기 시작했다. 그중 하나가 엑셀이었다. 복잡한 함수와 수식을 외워 면접장으로 향했다. 그리고 면접관들에게 인턴이 되면 바로 업무에 적응하고 일을 시작할 수 있다고 자신 있게 이야기했다. 가지고 간 노트북으로 그 자리에서 엑셀을 켜서 함수로 답을 구하는 것을 보여줬다. 결국 운이 좋게도 인턴의 기회를 잡을 수 있었다.

B회사의 인턴 업무는 선적서류에 정보를 채워 넣고 관리를 하는 일이었다. 그러나 매우 만족스러웠다. 그 회사에 소속이 되었다는 자체만으로도 내가 마치 그 브랜드의 이미지와 어울리는 사람이 된 것 같았다. 정

해진 3개월이 지난 후에도 계속 다니고 싶었다. 첫 직장에서의 실패를 되풀이하고 싶지 않아 더 악착같이 버티고 공부했다. 해야 할 일을 하는 것은 물론이고, 시즌에 나온 상품의 정보들을 외우고 상품 코드까지 외우며 공부했다. 각 상품별로 어떤 상품이 인기가 있는지, 어떤 색깔이 인기가 있는지도 살폈다. 옆자리에서 대리님이 하는 일들을 어깨너머 보고 익혀 서류를 작성할 때 도움이 될 수 있도록 배워두었다.

이렇게 3개월의 인턴 생활 후에 계약 기간이 만료되기 직전 일이었다. 나에게 기회가 찾아왔다. 옆자리에서 근무하던 대리님이 회사를 그만두게 된 것이다. 회사에서는 대리급 자리에 맞는 사람들을 뽑고 있었다. 단순 인턴이 지원할 수 있는 자리가 아니었지만 용기를 내어 출산휴가를 마치고 돌아온 팀장님께 나를 뽑아달라고 당차게 말씀드렸다. 어디서 그런 용기가 나왔는지 모르겠다. 그렇게 말씀드리지 않으면 영영 기회를 잃어버릴 것 같았다. 그리고 그동안 상품에 대해 공부했던 것들과 대리님 어깨너머로 배웠던 것들을 말씀드렸다. 마지막으로 새로운 대리님이 와도 3개월 동안 적응하는 시간이 필요한데 나는 바로 적응할 수 있고, 대리님이 하던 일 중 같이 해온 일들이 있어 빨리 배울 것이라고 말씀드렸다. 내 이야기를 들은 팀장님은 그 후 몇몇 사람 면접을 본 후 새로운 대리급 직원을 채용하는 것이 아닌 인턴인 나를 정식 직원으로 채용하겠다고 회사에 말씀하셨다.

그렇게 나는 정직원이 될 수 있었다. 정직원이 되자, 그동안 동경해왔던 일을 맡을 수 있게 되었다. 내가 맡은 업무는 면세점의 바이어들을 상대하며 브랜드의 상품들을 입점시키고 판매하는 일이었다. 그중 가장 좋았던 것은 바로 1년에 두 번 정도 이탈리아에 직접 가서 앞으로 나올 시즌 상품들을 한국의 면세점 바이어들에게 제안하는 것이었다. 내가 선망하던 이탈리아에 출장을 가며 일을 하니 꿈만 같았다.

아무리 야근이 많고, 주기적으로 시차에 적응해가며 일을 해도 브랜드에 소속되어 일하고 있다는 만족감이 훨씬 컸다. 마치 내가 브랜드와 한 몸이 된 것처럼, 브랜드 이미지를 내 이미지와 동일시하며 일을 했다.

몸이 아플 때까지 치이며 일했던 나, 왜 그랬을까?

그러던 어느 날, 중요한 PT를 앞두고 며칠 동안 야근을 하는데 침이 잘 삼켜지지 않았다. 목이 땡땡하게 부어오르는 것이 느껴졌다. 급기야는 물조차 한 모금도 넘기지 못했다. 화장실로 달려가 거울 앞에서 입을 크게 벌렸다. 목구멍이 보이지 않을 정도로 염증이 올라 가득히 부어 있었다. PT를 겨우 마치고 점심시간이 되었는데 밥알도 삼킬 수 없었다. 회사 근처 이비인후과를 가서 진료를 받았다. 그리고 급성 인후두염으로 당장 큰 병원으로 옮기라는 소견서를 받았다. 그렇게 큰 병원으로 입원하고 편도에 있는 염증이 다 나은 후에야 회사에 복직할 수 있었다.

솔직하게 고백하건대 인후두염이라는 진단을 받고 나서 나는 속으로 안도의 한숨을 내쉬었다. 조금 쉬어도 되는 핑계가 생겼기 때문이다. 너무 좋아하는 브랜드이고 내가 그 브랜드가 된 것처럼 동일시하며 일을 해왔지만 정작 내 몸은 소중히 다루지 못했다. 이탈리아 브랜드와 일을 했기 때문에 한국 시간으로 퇴근 시간이 바로 이탈리아 시간으로 출근 시간이었다. 일을 마친 후 퇴근하려고 준비를 하다 보면 이탈리아에서 어김없이 급히 확인해야 할 내용의 이메일이 날아오곤 했다. 한국의 사무실은 이탈리아 본사의 각국의 지사 중 하나였기 때문에 이탈리아 직원들은 우리의 상사였다. 그러한 이유로 인해, 그 이메일의 답을 미루지 못할 때가 많았다.

또 바이어로서 숫자에 특히 예민해야 했다. 매장의 매출뿐만 아니라 각 면세점의 다음 시즌 예산을 늘리기 위해 여러 가지 자료들을 참고해야 했다. 엑셀 파일에 숫자가 하나라도 안 맞으면 그날은 무조건 야근이었다. 숫자에 약한 나는 행여나 그 파일들 중 숫자가 안 맞는 것이 있을까 봐 늘 노심초사해야만 했다. 상사가 내 이름을 부르면 혹시 어떤 파일에 숫자가 틀어져 있는 것은 아닌지 늘 걱정이 되었다.

이렇게 하나의 핑계가 생기자 다른 핑계들도 하나둘씩 생겨나기 시작했다. 회사에 마음이 안 맞는 상사와의 갈등이 있었다. 그 상사의 입에서 상처를 받을 만한 이야기가 나올 때면 나의 마음은 퇴사 쪽으로 더 기울어져 갔다. 또 결혼한 지 3년 차가 지나도록 아이가 생기지 않는다는 것도 큰 핑계였다. 해외 출장이 잦아 임신이 어려운 것은 아닌지 걱정이 되기 시작했다. 만약 나중에 임신하더라도 해외 출장을 계속 다닐 수 있을지도 생각해보게 되었다.

이렇게 여러 가지 핑계들을 모아보니 강력하게 다니지 못하는 사유가 되어 사직서를 제출했다. 그 당시 여러 이유들에 의해 마땅히 사직서를 내야만 했다고 위로했다. 하지만 돌이켜보면 나는 핑곗거리를 만들어 일로부터 도망을 친 것이었다.

생각해보니 나는 다른 사람이 하는 말들을 통해 나를 정의하고 평가를 하며 살아왔던 것이다. 나 자신을 정의하기는커녕 인정해주지도 않았다. 나를 평가하고 판단하는 데 나 자신은 배제하고 다른 사람들의 눈과 반응만을 기대하고 바랐던 것이다. 내가 애써 열심히 해왔던 일들 중 대부분이 다른 사람들의 인정을 받기 위한 것들이었다. 내 인생의 주인공은 내가 아니었다.

03

수동적인 삶을
멈추고 싶었다

늘 '산 너머 산'인 인생

"주연 씨는 자기 자신을 생각할 때 어떤 모습인가요?"

마음이 힘들어질 때 다니는 심리상담소의 소장님이 나에게 던진 질문이었다. 순간 멍해졌다. 살면서 한 번도 생각해보지 않은 말이었다. 이 질문 다음에 여러 이야기를 더 나누었지만 내 머릿속에서는 이 질문에서 멈춰 있었다. 결국 나는 이 질문에 상담 시간이 끝날 때까지 한마디 대답도 하지 못한 채 문을 나왔다. 그리고 그 후로도 이 질문은 내 가슴에 남아 있었다.

　직장생활을 그만둔 후, 다시 나의 존재감이 떨어지는 것이 느껴졌다. 무엇이라도 해야 한다는 생각에 임신을 서둘렀다. 결혼한 지 4년이 지나고도 아이가 생기지 않자 우리 부부는 난임 센터로 향했다. 빨리 임신을 해야 한다는 중압감에 인공수정을 하지 않고 바로 시험관 아기 시술을 했다. 의사 선생님이 수정된 배아를 2개까지 넣을 수 있다고 했을 때, 임신확률을 높이고 싶은 마음과 단순히 쌍둥이가 예뻐 보이는 마음에 2개를 넣겠다고 말씀드렸다. 그렇게 나는 단 한 번의 시술로 쌍둥이 아들을 임신하게 되었다.

　임신만 성공하면 끝난 줄 알았던 나의 생각은 큰 착각이었다. 쌍둥이를 임신하고 나니 몸이 하루가 다르게 불어났다. 막달이 되어서는 왼쪽 갈비뼈가 앞으로 벌어지고 있는 것이 느껴졌다. 호흡하는 것조차 힘들어 숨이 목젖만 스치고 다시 나왔다. 하루빨리 아이들을 출산해 이 괴로움에서 벗어나고 싶었다.

　쌍둥이만 출산하면 이보다 힘든 일은 없을 줄 알았더니 또 다른 세상이 펼쳐졌다. 1시간이라도 쉴 수 있는 시간이 없었다. 먹고 마시고 자기만 하는 아기들인데 어른들의 할 일은 너무 많았다. 더욱이 초보 엄마였던 나는 아이들이 우는 소리에 안절부절 못하고 1분이라도 늦으면 큰일이 난 것처럼 옆에서 대기하고 있었다. 이 때문에 누군가 옆에서 같이 아이들을 봐주지 않으면 화장실을 가는 것조차 자유롭지 못했다. 두 아이가 너무 예뻐 그나마 견뎠던 것 같다. 세상에 태어난 지 얼마 안 된 아이들을 위해 기꺼이 나를 희생해 온전히 쌍둥이 엄마로 살았다.

쌍둥이 아이들이 9개월 정도 되었을 때였다. 어느 날 아침, 그나마 힘주면 들어가던 아랫배가 그날따라 들어가지 않고 볼록했다. 뭔가 이상한 느낌이 들었다. 설마 하는 생각에 약국에서 임신 테스트기를 사와 테스트했다. 두 줄이었다. 양가감정이 내 머릿속을 흔들었다. 자연임신이 어려웠던 내가 자연적으로 임신이 되었다는 사실에 기뻤다. 그러면서도 다시 연달아 시작될 육아의 기억이 떠올랐다. 쌍둥이를 낳아 키워보니 내 아이가 너무 예뻐 좀 더 크면 가져볼 생각을 하기도 했었는데 연년생이라니. 쌍둥이를 키우고 이제 아주 조금 편해졌는데 다시 밤낮 없이 육아를 해야 한다고 생각하니 우울해졌다.

내가 없는 삶에는 자존감도 없었다

쌍둥이 아들에 연년생 막내아들까지 낳고 나니 더더욱 '내가 없는 삶'을 살게 되었다. 세쌍둥이나 다름없는 세 아들을 키운다는 것은 상상 이상으로 힘들었다. 출산 후 내 몸을 추스를 겨를도 없었다. 지금 떠올려보면 하루가 다르게 커가는 아이들을 보며 사랑스럽고 예뻤지만 다시는 돌아가고 싶지 않은 순간이기도 하다. 그 당시 나를 더 우울하게 만들었던 사실은 이 생활이 계속 이어질 것이라는 사실이었다.

내가 어렸을 때 엄마의 모습이 떠올랐다. 우리 엄마는 모성애가 지극히 대단한 분이셨다. 당신의 인생을 기꺼이 자식들을 위해 희생하는 분이셨다. 학원 스케줄에 맞추어 차로 데려다주시고 데리고 오시곤 했다. 입시를 준비하는 시간 동안에는 엄마도 수험생처럼 독서실을 같이 다니며 공부하셨다. 내가 공부하는 시간 동안 옆에 앉아서 책이라도 읽으셨다. 엄마의 취미나 하고 싶은 일은 언제나 우리 자매를 돌봐주시고 난 후 남는 시간을 이용하셨다. 우리가 대학교를 입학하고 나서야 엄마는 그전과는 다르게 당신의 시간을 가질 수 있었다. 아마 엄마의 희생이 아니었다면 내가 이루어왔던 것 중 몇몇 가지는 이루지 못했을 것이다. 그런 엄마의 열정에 더없이 감사했지만 엄마의 인생 20년을 우리만을 위해 사신 것 같아 안쓰러운 마음이 들었다. 한편으로는 나도 엄마처럼 내 아이들에게 해줄 자신이 없었다. 그리고 이렇게 희생하는 생활이 아이들 대학 입시 때까지 이어진다고 생각하니 한숨만 나왔다.

우울감이 생기고 스스로에 대한 자존감이 낮아지자 그 화살은 남편을 향했다. 조금이라도 육아를 도와주지 않거나, 오랜만에 친구와 약속을 잡을 때면 가자미눈을 하고 레이저를 쏘아댔다. 나의 모든 시간과 관심을 육아에 힘을 쓰고 있는데 남편이 이해해주지 않거나 인정해주지 않는 것 같다는 생각이 들면 못 견디게 괴로웠다. 직접 표현하지 못하고 예민하게 굴며 화를 냈다. 그러면서도 스스로가 초라하게 느껴졌다. 남편을 포함한 다른 사람들은 모두 정상적으로 사는데 나 혼자 도태되는 삶을 살고 있는 것 같았다.

나의 유일한 낙은 아이들을 재우고 멍한 눈으로 SNS를 둘러보는 것이었다. 딱히 활동을 하지는 않았다. 그저 예쁜 사진들을 보는 것만으로도 쌓였던 스트레스를 풀 수 있었다. 점점 SNS를 하는 시간은 길어졌고 길어질수록 그 속의 다른 여자들과 나를 비교하기 시작했다. 매일 행복한 일만 생기며 화려한 생활을 하는 사람들만 있는 곳이었다. 같은 육아를 하는데 어떻게 그렇게 깔끔하고 예쁘게 키우는지 나와는 너무 비교되는 삶을 살고 있었다. 나의 모든 생활은 예쁜 아이들을 제외하곤 좋은 것이 하나도 없었다. 내가 점점 싫어졌다.

친구들과 수다를 떨 때면 레퍼토리가 정해져 있었다. 근황을 이야기한 후에 어김없이 다른 사람의 뒷이야기가 이어지고 '우린 왜 그 사람처럼 되지 않을까'로 끝이 났다. 그 당시에는 그 수다로 스트레스를 푸는 것이라고 생각했었다. 그러나 그렇게 친구와의 수다가 끝나면 내 기도 반쯤 빨려 무기력함만 늘어갔다.

지옥에서 탈출하기 위한 다짐

지옥을 만드는 방법은 간단하다.

가까이 있는 사람을 미워하면 된다.

천국을 만드는 방법도 간단하다.

가까이 있는 사람을 사랑하면 된다.

모든 것이 다 가까이에서 시작된다.

백범 김구 선생님의 명언이다. 나에게 가까이 있는 것들에 감사하지 못하고 불평불만으로 내 삶을 지옥으로 만들고 있었다.

'이제 그만!'

이 부정적인 감정이 점점 커져가던 어느 날, 내 마음 한구석에서 이렇게 외쳤다. 부정적인 감정이 커질수록 다른 사람들과 나를 비교했다. 주위 사람들에게 나를 의지하며 기대만큼 이루어지지 않으면 탓을 하곤 했다. 그렇게 다른 사람들 평계를 댈 때 그 순간에는 기분이 잠시 나아지곤 했다. 하지만 시간이 지나면서 나를 지옥으로 몰아넣고 있었다.

그때그때 닥치는 인생을 살다가 정신을 차리자 점차 눈에 보이기 시작했다. 내가 그동안 얼마나 인생이 휘둘리며 살아왔는지 말이다. 마치 밧줄이 풀린 돛단배가 바다 한가운데에서 목적지 없이 표류하고 있는 느낌이었다.

  그리고 다짐했다. 앞으로의 인생은 내가 끌고 가겠노라고. 오랜만에 내가 꽤 마음에 드는 날이었다.

04

다시 한번
일어나기로 했다

문제는 내 생각에 있었다

나는 무엇에 그렇게 불만이었을까? 나에게 램프의 요정이 나타나 딱 3
가지의 소원을 들어준다고 하면 무엇을 빌까?

주위를 향해 있던 분노의 화살을 거두고 초점을 나에게로 맞추었다.
그리고 질문을 해보았다. 무엇이 그렇게 나를 우울하고 분노하게 만드는
지 알고 싶었다. 놀랍게도 그 답은 나에게 있었다. '내가 나에게 부여한
한계' 때문이었다. 핑계를 외부에서 찾았을 뿐이었다. 다른 사람들이 마

음대로 할 수 있는 것을 이제 나는 하지 못하고, 내 꿈을 꾸지 못한다고 생각하니 한없이 우울해지고 작아졌던 것이다. 하지만 사실 그렇지는 않았다. 주변에서는 육아를 도와주는 사람들이 있었고, 마음으로 응원해주시는 분들도 많았다. 오직 문제는 나의 생각에 있었다.

다시 일어나는 데 필요한 것은 선택뿐이다

'해리포터' 시리즈를 좋아하지 않은 어린이가 있었을까? 어렸을 때 각 시리즈별로 재미있게 읽었던 책이었다. 심지어 지금도 어딘가에 마법이 존재할지도 모른다는 생각에 가슴이 두근거리곤 한다. 언젠가는 꼭 런던의 꼭 그 기차역에 가서 기둥을 밀어보리라 생각해보기도 했다. 이 책에서 보면 평범한 줄 알았던 소년이 마법사였다는 것이 밝혀지고 악과 맞서 싸우는 영웅의 이야기가 그려진다. 그러고 보면 어렸을 때 보던 영웅들의 모험 이야기들도 보면 하나같이 평범한 인생을 살다가 자신의 초능력을 발견하고 지구를 구하기 위해 나선다. 읽을 때는 재미있는 이야기였지만 현실과는 괴리감이 있어 보였다.

그러나 자세히 보면 그 스토리에는 공통점이 있다. 주인공이 초능력을 발견해도 바로 악과 맞서기 위해 나서진 않는다. 모두 모험을 하기 전에 선택하는 과정들이 그려진다. 또한 처음부터 완벽하지도 않다. 또 다른 장애물을 만나거나 멘토를 만나면서 극복하고 능력치를 업그레이드

한다. 자신의 한계를 초월했을 때 최대 악을 물리치며 이야기는 끝이 난다. 영웅들의 스토리는 비슷한 패턴으로 이어지는데, 우리는 캐릭터별로 열광하곤 한다. 그리고 그 주인공에 나를 대입하며 카타르시스를 느끼곤 한다.

실제로 영웅의 이야기를 나에게 대입해보면 어떨까. 만약 나에게도 그런 초능력을 가질 기회가 주어진다면? 여기서 이야기하는 것은 날아다니거나 힘이 초인적으로 세지거나 마법의 능력이 생기는 초능력을 이야기하는 것이 아니다. 잘 호흡하는 것, 내 삶을 인지하는 것, 마음을 들여다 보는 것, 명료한 사고 등 누구나 할 수 있는 초능력을 포함한 것이다. 누구라도 초능력을 선택할 것이다. 조금 더 바꾸어 질문해보자. 평범하고 변화 없는 익숙한 세상에 머물거나, 도전하며 성장통을 겪을 수 있지만 성장하는 삶 중 선택을 해야 한다면 어떤 선택을 하겠는가? 주저 없이 선택할 것이다. 성장통을 겪더라도 성장하는 삶을 살고 싶다고 말이다.
우리의 모든 삶의 순간이 성장으로 이어질 수 있다. 이것은 간단하게 시작할 수 있다. 바로 성장하기로 선택을 하는 것이다.

내 인생의 빌런을 쫓아내다

내 삶이 무기력하게 느껴질 때 내가 하던 습관이 있었다. 멍한 눈을 가지고 SNS를 몇 시간이고 들여다보는 것이다. 자극적인 소재와 화려한 이미지들에서 빠져나오기는 힘들었다. 핸드폰을 한순간도 손에서 놓기가 어려워졌다. 육아용품을 사려고 온라인으로 로그인을 하는 순간 본연의 목적은 잃어버리고 다른 물품도 같이 구매한다든지, 엉뚱한 기사들을 검색하고 있는 나를 발견했다.

계속해서 업데이트되는 소식들과 콘텐츠에 중독이 되었다. 우리의 삶을 편리하게 해주기 위해 만들어진 도구들이 이제는 오히려 SNS안에서 길을 잃어 원래의 목적과는 다른 데서 표류하고 있는 것이 느껴졌다. 이제는 많은 전문가들이 SNS에 사람들이 과하게 몰입하고 있는 상황을 걱정하고 있다.

나의 SNS 사용에는 두 분류의 빌런이 존재했다. 무의식적인 클릭에 의한 '정보의 홍수'라는 것과 현실과 괴리감이 느껴지게 하는 것이었다.

남편은 매일 아침 신문을 정독한다. 인터넷에 검색해보면 다 나오는 기사 내용을 꼭 시간을 들여 한 장 한 장 읽었다. '그 시간에 아이들을 좀 봐주지.'라는 불만으로 툴툴거리기도 했다. 그래도 그 습관만은 꼭 고수했다. 어느 날, 굳이 신문을 사서 읽어보는 이유에 대해 물어봤다. 첫 번째 이유는 인터넷으로 기사를 보게 되면 자신의 의도한대로가 아니라 포털사이트의 '알고리즘'에 의해 편집된 기사만 보기 때문에 중요한 기사를 놓치기 때문이란다. 내게 딱 맞는 정보를 찾기가 오히려 어렵다는 것이다. 두 번째 이유는 인터넷으로 보면 중요한 기사든 중요하지 않은 기사든 제목 한 줄로 노출이 되기 때문에 자극적인 제목을 선택할 확률이 높아 오히려 시간을 낭비하게 된다고 했다. 분하지만 사실이었다. 나의 경우, 이 기사를 읽어보다가도 어느새 자극적인 제목을 클릭해보곤 했던 것이다.

SNS에서의 화려한 삶을 살고 있는 사람들의 일상생활을 보면 행복해 보였다. 마음의 고민이라곤 없어 보이는 사진들뿐이었다. 그 화려하고 예쁜 모습을 보다가도 문득 나의 모습과 비교가 되곤 했다. 친구들의 근황을 전하고 멀리 사는 친구들에게 소식을 전하고자 만들어진 SNS는 지금 나에게는 독이었다.

나 또한 아직 SNS를 끊지 못했다. 여전히 나의 계정으로 많은 소식들이 업데이트 된다. 그러나 다르게 사용할 수 있다. 유튜브에서 알고리즘을 끊기 위해 계정 하나를 새로 만들어 온전히 자기계발을 위한 것만 검색을 하고 구독하는 용으로 사용했다. 그리고 남편 옆에서 같이 신문을 읽기 시작했다. 인터넷 기사는 스크랩 용도로만 사용했다.

우리의 삶에서 인터넷을 배제시킬 수는 없다. 기술은 좋지도 나쁘지도 않다. 이롭게 사용하느냐 해롭게 사용하느냐의 차이이다. 결국 중요한 것은 우리가 주체가 되어 디지털을 통제할 수 있는 조절능력이다.

새롭게 마인드셋(mindset) 하는 방법

동물원의 동물들을 본 적이 있는가? 하나같이 움직임이 적고 잠을 많이 잔다. 책에 나오는 무서운 호랑이나 사자가 동물원에서 울부짖는 것을 한 번도 본 적이 없다. 동물원에 동물들은 여기서 벗어날 수 없다는 것과 시간이 되면 노력하지 않아도 먹이가 주어진다는 것을 알고 있다. 심리학에서는 이것을 '학습된 무력감'이라고 부른다.

나도 동물원에 갇힌 동물이라고 생각했던 적이 있다. '내가 무엇을 할 수 있을까' 성장을 하고 싶다고 마음을 먹어도 나에게 남은 질문은 이것이었다. 우리를 가두고 있는 울타리는 나에 대한 '좁은 세계관'이다.

그렇다면 '좁은 세계관'은 어디서 나오는 것일까? 우리는 태어나고 자라며 주변의 환경을 통해 배우고 경험한다. 보고자란 경험은 우리가 학습한 적이 없더라도 기억 속 무의식의 창고에 저장되어 가치관과 신념을 만든다.

나는 어려서부터 우리 부모님 세대를 보며 자라왔다. 세상을 보고 들어왔던 상황들이나 말들은 고스란히 내 기억장치에 저장되어 있었다. 그 기억 중 가장 큰 기억인 '좁은 세계관'은 엄마가 되면 모든 일을 포기하고 자식을 위해 희생하는 엄마의 삶이었다. 내 친구들의 엄마들 중, 직장생활을 하는 엄마는 극히 드물었다. 직장생활을 하면서도 임신을 하면 퇴사할 날짜를 고민해봐야 하는 것이 당연했다. 어떤 직장 상사는 나에게 언제 임신할 계획을 가지고 있는지를 물어 확인했다. 임신할 가능성이 있는 사람은 잠재적인 퇴사를 할 수 있는 인력이었던 것이다. 실제로 편안한 상태로 임신을 하기 위한 나의 선택은 이러한 잠재적인 믿음을 더욱 두텁게 만들었다.

그렇다면 이러한 제한적인 세계관은 어떻게 넓힐 수 있을까? 제일 먼저 이런 세계관이 사실이 아니라 나의 판단과 의견이라는 것을 깨달아야 한다. 주위를 살펴보면 아이를 낳고도 직장을 다니며 일을 하는 여성들도 많다. '난 안돼.', '난 할 수 없어.'라는 생각이 든다면 이것이 사실이 아니라는 근거를 찾는 것이 도움이 된다. 실제로 모두가 그런지 확인을 한다면 내가 일부분을 가지고 지나치게 일반화를 했다는 것을 깨달을 수 있다.

새로운 배움으로 세계관을 확장하는 것도 도움이 되었다. 내 시간을 빼앗는 빌런을 내쫓기 위해 새로운 계정을 만들어 자기계발 채널들만을 모아둔 유튜브 영상을 몇 번이고 반복해 들었다. 인터넷 강의로 지금 시대에 일어나고 있는 일들을 배웠다. 그러자 내가 가지고 있던 세계관은 너무 작았다는 것을 깨달았고, 나를 숨 막히게 짓누르고 있던 울타리들이 점차 사라지는 것이 느껴졌다.

우리 아이들이 좋아하는 애니메이션 〈루카〉에서 주인공인 루카의 마음속에서 '넌 안돼, 절대 못 해, 무서워.'라는 생각이 들 때마다 친구인 알프레도가 알려준 방법이 있다. 그런 생각이 들 때마다 "Silencio Bruno!(닥쳐, 브루노!)"라고 외치는 것이다. 그 말은 루카로 하여금 내면에 있는 겁쟁이 '브루노'에게 부정적인 생각을 멈추고 실행을 하게 한다. 그럴 때마다 주인공은 새로운 경험을 하게 되고, 성장하게 된다. 내 마음 속의 겁쟁이 '브루노'가 '넌 안돼'라고 할 때마다 되뇌인다. "닥쳐, 브루노!"

05

어디서부터
다시 시작해야 할까?

주변에 대한 과도한 기대는 나를 우울하게 만든다

아이를 낳기 전을 생각해보면 우리 부부는 별로 다투는 일이 없었다. 서로 다른 점이 있거나 나와 다른 부분이 있어도 크게 간섭하지 않았다. 서로 말을 할 때는 항상 존댓말을 했다. 다툼이 있더라도 존댓말을 사용했다. 존댓말로 다툼을 하면 심한 말도 한 단계 낮춰 말이 나와서 길게 이어지지도 못했다.

그러나 아이 셋을 출산하자 하루가 멀다 하고 싸움이 일어났다. 그 싸움의 시작은 나였다. 존댓말도 소용이 없었다. 남편이 육아를 도와주지 않아서, 일하다가 늦게 들어와서, 내 방식대로 육아를 도와주지 않아서 화를 냈다. 어느 순간부터는 남편의 행동 하나하나를 예의주시하기 시작했다.

또 한편으로는 남편에게 모든 기대를 쏟아붓고 있었다. 아이를 낳고 내가 일을 하지 않으니 남편의 월급으로 우리 가족들이 생활을 유지해야 했기 때문이다. 남편은 남편대로 가족을 부양해야 한다는 책임감에 어깨가 무거워졌다. 나 또한 남편에게 기대가 커지자 이것저것 참견이 늘기 시작했다. 술을 많이 먹거나 배가 나오면 그렇게 잔소리를 해댔다. 그럴수록 불만과 불안함만 늘 뿐, 막상 해결되는 것은 아무것도 없었다. 마음을 비우는 것도 쉽지 않았다. 드라마에서 엄마들이 아빠들에게 바가지를 긁던 모습이 좋아 보이지 않았는데 나도 점점 닮아가고 있었다.

어느 날 남편이 조심스럽게 말을 꺼냈다. 내가 너무 변해 무섭다고 말이다. 처음에는 이 말을 듣고 불같이 화가 났다. '너 때문이잖아!' 그러나 입 밖으로 화를 내지 못했다. 내가 생각해도 내가 변했다. 나는 어쩌다가 이렇게 변했을까….

미어캣을 아는가? 작고 귀엽게 생긴 미어캣은 야생에서 단체로 행동하는 동물이다. 미어캣은 번갈아가며 보초를 서며 다른 동물들의 공격으로부터 자신들을 지킨다. '미어캣'하면 떠오르는 모습은 미어캣이 귀를 쫑

굿 세우고 자신의 키를 늘려 외부 상황을 예의주시하는 모습이 떠오를 정도이다. 딱 나의 모습이었다. 내 마음에 누군가 공격을 하는지 모든 감각의 신경을 곤두세우고 보초를 서고 있었다. 아무도 공격하지 않는 안전한 상황인데도 나는 그것들을 모두 공격으로 받아들이고 있었다.

외부로 초점이 맞추어져 있으면 상대방의 의도와는 상관없이 공격한다고 생각될 때가 있다. 이런 일이 단지 나의 상황 때문에 벌어졌을까. 또는 나의 호르몬 때문에 일어난 일일까. 물론 영향이 있을 수는 있다. 상황을 과거로 돌릴 수는 없다. 나의 호르몬도 내가 조절할 수는 없다. 세상 모든 일이 내 마음대로 움직여지지는 않는다.

내가 할 수 있는 단 한 가지는 외부로 향했던 초점을 거두는 것이었다. 신경 쓰지 말아야지 하고 생각하더라도 처음부터 잘되지는 않았다. 신경 쓰지 않기 위해 나를 바쁘게 움직이기 시작했다. 내 몸을 위해 운동을 시작하고, 소일거리를 찾아 했다. 일단 할 일이 생기니 생각할 겨를이 없었다. 몸이 움직이니 저절로 온 감각이 곤두서는 일도 줄어들었다.

내 인생 감사했던 순간들에 집중하기

많은 사람들이 감사하는 마음을 표현하는 데 서툴다. 실제로도 감사한 마음이 잘 들지도 않는다. 프로그램에서 진행자가 게스트에게 "감사한 마음을 영상편지로 보내세요."라고 시키는 장면이 종종 나온다. 그럼 거의 대부분의 게스트들은 당황스러운 마음에 쭈뼛쭈뼛하다가 주변에서 한 번 더 권하면, 어색한 표정과 말투로 영상편지를 남기곤 한다.

시험관 아기 시술을 할 때였다. 매일 아침 난자가 많이 나올 수 있도록 과배란 주사를 맞아야 했다. 주사를 끔찍하게 싫어하는 내가 기꺼이 그 주사를 스스로 배에 찔렀다. 그래도 그때는 감사함을 느끼며 하루도 빠지지 않고 주사를 놓았다. 게다가 아이가 올 수 있다고 생각하니 설레기까지 했다. 수정된 배아를 뱃속에 넣고는 '임신이 된다면 지금보다 더 감사하며 살겠다.'라고 열심히 기도했던 생각이 났다. 임신이 되어서는 '무사히 출산을 하면 더 감사하며 살겠다.'라고 열심히 기도했다. 임신을 하고, 아이를 출산하고 그 일주일은 마음이 충만할 정도로 감사했다. 그리고 그 감사한 마음이 흘러넘쳐 주변에 베풀고 싶은 마음도 생겼다. 그리고 일주일이 지나면 영원할 것 같았던 감사한 마음이 눈이 녹듯이 사라졌다. 일어나면 감사하겠다고 했던 일들이 마치 당연하게 일어나야 하는 일이 되어 버렸다.

생각해보면 누구에게나 감사한 순간들이 있다. 그러나 표현을 하지 못하거나, 그것을 당연하게 받아들이는 경우가 많은 것 같다. 내가 그랬던 것처럼 감사함에 조건을 달기도 한다. '그렇게 된다면 감사하겠다.'라고 말이다.

감사함은 마음에서 느끼는 감정이다. 도움을 받으면 감사한 마음이 든다. 일이 잘 풀려도 감사한 마음이 든다. 감사함을 느끼면 이 감정을 주변에 베풀고 싶다는 마음이 든다. 『인생 전환 프로젝트』에서는 인간은 감사한 감정을 통해 서로를 도와야 한다는 상호적 규범을 만든다고 나와 있다. 인간은 다른 동물들처럼 빠르거나 힘이 세지 않다. 대신 생각을 할 수 있고 사회화된 동물로서 공동의 꿈을 이뤄나가기 때문이다. 따라서 구성원의 결속력을 단단히 해주는 감사함이란 감정은 인간에게 대단히 유용한 감정이다.

바꿔서 생각해보면 감사한 감정을 가지면 긍정적인 마음으로 무엇인가 해낼 수 있는 힘이 생기는 것이다. 솔직하게 말하면 바뀔 수 있다고 하니 감사한 마음을 가져야 하긴 하겠는데 도무지 감사한 마음이 하루아침에 생기지가 않았다. 도대체 감사한 일이 생겨야 감사를 할 것이 아닌가.

내가 처음 시작한 방법은 '감사하다'라는 단어로 샤워를 하듯 되뇌는 것이었다. 일단 나는 '감사하다'라는 말을 하는 것 자체가 쑥스럽고 어색했다. 단어를 떠올리는 것조차 쑥스러운데 감사한 마음이 들 리가 없다. 단어에 대한 어색한 마음을 줄이고 익숙해지기 위해 시작한 것이었다. 방법은 간단하다. 다른 생각이 들지 못할 정도로 '감사하다'를 계속 말하는 것이었다. 마치 스님이 염불을 외듯 입술을 움직이며 말했다. 산책이라도 나가거나 장을 보러 가도 한 발자국에 한 번씩 '감사하다'라고 중얼거렸다.

두 번째 방법은 기다리던 감사한 일이 일어나기 전에 지금 감사한 일들을 찾아보는 것이었다. 생각해보면 내가 기대하지 않았던 일인데도 감사한 일들이 참 많았다. 사소하게는 엘리베이터를 눌렀는데 바로 도착한 것이나, 오늘은 세 아이가 비슷한 시간에 잠이 든 것도 감사할 일이었다. 감사의 범위가 커지자 반대로 부정적인 불만들은 나도 모르게 줄어들고 있었다.

어떤 할머니가 되어 있을지 상상하기

영원히 젊은 삶을 살 수는 없는 일이다. 어느 순간 우리 엄마를 보는데, 내가 어린 시절에 보았던 엄마의 모습이 아니었다. 우선 손자 세 명이 있는 할머니가 되어 있었다. 나도 아이 셋을 키우고 있는 엄마가 되어 있었다. 영원히 아이들의 모습으로 있을 것 같지만 점점 성장해 어른이 되어 있을 것이다. 이 아이들이 어른이 되었을 때 나의 모습을 상상해보았다.

지금의 모습 그대로를 할머니가 되어서도 가지고 있다면 어떤 모습일까. 내 모습 중에 할머니가 되어서까지 가지고 가고 싶지 않은 것들이 보였다. 다 큰 어른이 되어 있는 자식들에게 사사건건 섭섭함을 느껴 불평불만을 늘어놓는 할머니가 되고 싶지는 않았다.

나도 자식으로 살아보았기 때문에 누구보다 잘 알고 있다. 절대로 엄마가 나에게 기대한 그대로의 모습으로만 자라지 않는다는 것을 말이다. 그런데 내 아들들이라고 내가 기대한 그대로의 모습으로 나에게 해줄 수 있을 것이라는 기대는 애초에 말이 되지 않았다.

영화 〈인터스텔라〉에서 나온 머피의 마지막 순간을 기억하는가? 다 늙은 꼬부랑 할머니의 주변에 자식들이 모여 있는 모습은 나에게 오래도록 마음에 남았다. 나의 마지막 순간도 그런 모습이고 싶었다. 상상해보건 대 머피는 자식들에게 좋은 영향을 주는 부모의 모습이었을 것 같았다. 그동안 풀리지 않았던 문제를 풀어 지구를 구했기 때문만은 아니었을 것 이다. 머피의 아빠가 자신을 떠나 다른 차원에서 영감을 주고 도와준 것 처럼 자식들에게도 그런 엄마의 모습일 것 같았다.

생의 마지막 순간에 자신의 인생에 일어났던 일들이 파노라마처럼 스쳐 지나간다는 이야기를 어디선가 들었던 적이 있었다. 내 인생의 장면 들이 파노라마처럼 내 앞에 펼쳐진다면 어떤 이야기가 담겨 있을지 상상 해보았다. 삶의 장면 대부분을 다른 사람을 탓하거나 기대하면서 살았던 장면으로 채워지는 것은 끔찍했다. 대신 긍정의 순간들이 채워지길 원했 다. 지금 내가 여기에서 일어나야만 하는 이유가 생겼다.

06

바닥을 친 나의 자존감을
끌어올렸다

내가 잘하는 일부터 시작하자

누구에게나 장단점이 있다. 잘하는 것이 있으면 잘하지 못하는 일도
있다. 똑같은 요리를 하더라도 누구는 밥을 잘하고 누군가는 간을 잘 맞
출 수도 있다. 그러나 우리는 보통 우리가 잘하는 것들은 당연한 것으로
받아들이고, 못하는 것들에는 비평을 쏟아붓는다. 특히 그 못하는 부분
이 타인과 비교가 되면 더 못하는 것처럼 보인다.

타인에게 인정받기 위해서는 그가 원하는 일을 기대하는 것보다 더 많
이 이루어내야 한다. 게다가 타인이 하는 칭찬은 일회성으로 끝난다. 타

인의 칭찬을 기다리며 일을 하다가는 하지 않아도 되는 일까지 해야 할 수도 있다. 내가 할 수 있는 양을 넘어서 해야 할 수도 있다. 더 심각한 것은 상대방은 내가 그 칭찬 한마디를 듣기 위해 얼마나 노력하고 있는지 잘 모른다는 것이다. 너무 쉽게 보고 더 많은 것을 요구할 수도 있다.

'호손 효과'는 타인의 시선을 느낄 때 본래의 의도나 천성과 다르게 행동하는 것과 더불어 작업의 능률과 생산성이 높아지는 현상을 이른다. 즉, 누군가 자신을 관찰하고 있다는 것을 의식하게 되면 주어진 조건과 상관없이 높은 생산성을 보인다는 것이다. 나는 이때까지 이 효과를 타인의 시선을 이용해 나의 능률을 높이는 데 사용했다. 여기에 나의 시선은 없다.

'호손 효과'의 주체를 타인이 아닌 나로 바꾸면 어떻게 될까. 나에게 만족감을 주기 위해 어떤 일을 하는 것이다. 여기서 어떤 일을 할 때는 '내가 잘하는 일'로 시작을 해야 효과적이다.

첫 시작을 내가 못하는 일로 시작하면 중간에 포기하기가 쉽기 때문이다. 심지어 못하는 일을 해도 평균 정도로 가까워질 뿐이다. 사람마다 장단점이 있다는 것을 인지하고, 내가 잘하는 것부터 시작해보는 것이다. 잘하는 일이니 흥미가 일어나기 쉽고 일에 집중하기 쉬워진다. 더 많은 역량을 발휘할 수 있는 것이다.

상대방으로부터 비난을 받지 않기 위해 또는 칭찬을 받기 위해 노력하는 일은 자신의 에너지를 많이 소비해야 한다. 반면 내가 인정할 수 있는 제일 잘하는 일은 스스로 에너지를 얻으며 할 수 있는 일이다. 지금 할 수 있는 일 중 제일 잘하는 것을 찾아보자. 내가 가진 단점만큼 장점도 분명 존재한다. 그리고 장점을 강화할수록 확장된다. 사람은 스스로 자신감이 생기면 더 하고 싶기 때문이다.

나를 긍정적으로 바라보기

나를 긍정적으로 바라보라고? 나의 경우 별것 아닌 것 같은데 쉽게 되지 않았다. 어려서부터 주위에는 나보다 잘나고 똑똑한 사람들이 많았다. 엄마 친구의 아들딸들은 하나같이 반장, 부반장을 나가기만 하면 당선이 되었고, 시험만 보면 일등을 했다. 내 동생도 무슨 학원만 다니면 뛰어난 아이라며 칭찬을 받아오곤 했다. 그에 비해 나는 초라했다. 감사하게도 우리 부모님은 '내가 누구보다 ~하다.'라는 식의 비교를 하신 적이 없다. 그래도 주머니 속 송곳이라는 말이 있지 않았던가? 그들만의 드러난 경력만 봐도 저절로 비교가 되곤 했다.

'플라시보 효과'를 들어본 적이 있는가? '플라시보'는 라틴어로 '기쁨을 주겠다'는 뜻이다. 의사가 환자에게 약효가 없는 가짜 약을 주고 "당신 병에 특효약입니다."라고 말해준다면 그 환자의 병이 놀랍게도 치유된다는 것이다. 가짜 약을 진짜 약이라고 믿는 데서 비롯된 효과이지만 믿음과 기대의 힘이 얼마나 큰지 알 수 있다.

눈을 감고 신 레몬을 입에 한가득 물고 있다는 상상을 하는 것만으로 도 입안에 침이 가득 고인다. 우리의 몸은 우리가 믿는 대로 반응한다. 상상만 했을 뿐인데도 몸의 반응이 일어난다.

내가 나에 대해 부정적인 이미지를 가지고 있다면 나에 대한 나의 행 동도 부정적이었을 가능성이 크다. 내가 가진 무의식이 나를 아무것도 못하게 막고 있었던 것일 수 있다. 무의식의 힘이 이렇게 무서운 결과를 나타낼 수 있다.

SNS상의 인물들과 나를 비교해댔으니 현실의 한계와 턱없이 부족한 부분만 보인다. 자신이 감당하지 못할 벽들만 쌓였다. 비교를 계속하고 있다면 SNS는 과감하게 끊어보자. 그리고 온전히 자신과 만나는 시간을 가져보자. 작은 일에 쉽게 칭찬해보자. 내가 생각하는 나는 생각보다 나 쁘지 않을 것이다.

온전히 나 자신으로 있는 시간을 가지는 것이 불편하거나 무엇을 해야 할지 모를 수도 있다. 핸드폰도 안 하고 그냥 나로서 있는 시간은 현재의 나의 모습을 파악하기 위해서라도 생각보다 중요하다. 무엇을 해야 할 지 모르겠다면 눈을 감고 호흡을 관찰해보는 것도 좋다. 내 호흡이 깊은

지 얕은지, 어디서 막히는지 등을 관찰해보는 것이다. 처음에는 한 호흡만 해도 좋다. 점차 늘려갈 수 있다. 붓다도 호흡을 통해 깨달음을 얻었다. 호흡에 집중하는 것만으로도 스스로 칭찬해야 한다. 내가 느끼는 나는 생각보다 나쁘지 않을 것이다. 자신을 긍정적으로 바라볼 수 있는 힘의 싹이 자라나기 시작한 것이다.

나와의 약속을 지킨다

신뢰를 쌓기 위해서는 약속을 지키는 것이 중요하다. 재미있는 사실은 세계문화사전에 따르면 '신뢰(trust)'의 어원이 '편안함'을 뜻하는 독일어 'trost'에서 왔다는 것이다. 우리는 누군가를 믿을 때 마음이 편안해진다. 배신을 당하거나 공격을 당할 일이 없으니 안전하다는 것이다. 또한 공격할 가능성에 대해 대비를 하고 있지 않아도 되니 편안하다는 뜻도 포함되었을 수도 있다.

일본계 미국 지식인 프랜시스 후쿠야마는 『트러스트』에서 한 나라의 경쟁력은 그 나라가 고유하게 갖고 있는 신뢰 수준에 의해 결정된다고 주장했다. '신뢰'라는 단어 안에는 믿음과 함께 앞으로의 행위도 예측할 수 있다는 의미도 담겨있다.

신뢰는 약속을 지키고 기대에 벗어나는 행위를 지키면서 형성이 된다. 랄프 알도 애머슨은 『자기 신뢰』라는 책을 통해서 이렇게 이야기한다.

"다른 사람들에게서 아무것도 구하지 마라. 그러면 끝없이 변하는 세상 속에서도 당신은 유일하고 확고한 지주가 되어 주위의 모든 것들을 지탱하게 될 것이다." 책의 요지는 자신을 믿고 내면의 소리를 들으면 내가 주체자로서 살아갈 수 있다는 것이다.

나에게 신뢰를 가지기 위해서는 나와의 약속을 지키는 것이다. 여기서 중요한 것은 나의 내면이 말하는 약속을 지키는 것이다. 겉으로 드러내기 위한 약속과는 다르다. 드러내기 위한 약속은 인위적으로 어떤 것을 추가시켜야 할 수 있다. 나와의 약속은 다른 사람은 아무도 모르는 나의 내면과의 약속이다. 거창하게 큰 약속이 아니어도 좋다. 때론 내면의 목소리를 듣는 것만으로도 자기와 약속하는 것일 수 있다.

시야를 넓히자
보이기 시작한 것들

시대의 흐름을 파악하라

운전면허를 따기 위해 운전 연수를 배웠을 때 연수를 해주던 선생님이 알려주신 이야기가 떠올랐다. 그 당시 나는 운전을 할 때 공간 감각이 끔찍하게 없었다. 차도를 가운데로 달리지도 못했다. 그래서 생각해낸 방법은 모든 경우, 차의 어느 부분을 기준점으로 잡고 운전을 했다. 예를 들면 '주차를 하기 위해서는 주차선과 사이드미러가 어느 정도 만나면 후진으로 들어가도 된다.' 라던가, '오른쪽 사이드 미러가 어느 위치에 있으면 오른쪽 공간이 여유로운 것이다.' 등과 같이 말이다. 수학 문제를 풀

듯 운전을 하니 조금만 해도 머리가 지끈지끈 아팠다.

자동차 운전연습장에서 벗어나 처음으로 서울 한복판으로 차를 끌고 가 연수를 하는 날이었다. 차가 쌩쌩 달리는 도로에서 도무지 우측 차도로 끼어들 용기가 생기지 않았다. 우회전 깜빡이를 켜고 찔끔찔끔 끼어들으려 시도해도 도무지 기회를 잡지 못했다. 손에는 식은땀이 나기 시작했고 운전대를 잡는 것은 그야말로 공포였다. 그때 옆에 앉아 연수를 해주시던 선생님이 말씀하셨다.

"운전을 잘하는 방법이 뭔 줄 알아요?"
"뭔데요?"
"차의 흐름을 따라가는 거예요."
"!!"

우회전을 하려면 오른쪽 깜빡이를 켜고, 틈이 얼마나 있어야 하고 뒤에 따라오는 차가 얼마만큼 뒤에 있어야 하고, 속도는 이 정도여야 한다는 계산을 하며 쉽게 끼어들지 못했던 것들을 한 번에 해결해주는 말이었다. 선생님의 말씀에 따라, 위의 것들을 무시하고 내 차선의 흐름을 타다가 자연스럽게 옆 차선의 흐름으로 옮겨 탈 수 있었다.

지금도 운전을 할 때마다 온갖 방법들과 이론들보다 일단 차들의 흐름을 따라가다 보면 자연스럽고 쉽게 운전을 할 수 있는 것을 보곤 깨달은 바가 컸다. 공부를 시작할 때도 처음에는 부분으로 시작하다가 이 말이 떠올라 큰 숲과 흐름을 먼저 보려고 노력하기 시작했다.

직장보다 직업이 중요한 시대

우리 부모님의 시대는 아버지가 퇴직하면 가족의 생계는 막막해지는 시대였다. 시대가 바뀌어 요즘에는 직장에서도 신입직원을 많이 뽑는 시대가 아니다. 전문직도 답이 아닌 세상이다. 변호사나 의사의 숫자도 점점 많아져 그 안에서도 경쟁이 치열하다. 전문직이어도 온라인 마케팅이 필요한 시대가 되었다.

좋은 대학만 가고 대기업에 취직하면 인생이 편해지는 세상은 끝났다. 한 때, 지금까지 좋은 대학에 진학하고 대기업에 취직하고 싶어 노력한 나의 삶이 헛된 것 같다는 생각에 허무함이 들기도 했다. 한편으로는 '내가 가지고 있는 간판'보다 '내가 하는 일'이 더 중요해진 시대라고 생각하니 이것이 맞는 방향성인 것 같았다.

내 아이들을 키워보니 점차 공부를 시킬 생각에 이것저것 고민이 되기 시작했다. 어렸을 때부터 영어교육을 시켜라, 대치동으로 이사를 가라, 여러 이야기가 끊이지 않았다. 내가 아이들에게 해주고 싶은 이야기들을 생각해보았다. 내가 경험을 해보니 아이들에게 무작정 '공부를 잘해야 인생이 행복해진다'라고 말할 수 없을 것 같았다. '의대에 진학하면 인생이 편해질 것이다'라는 이야기도 사실이 아닌 시대가 되었다. 그것보다도 아이들에게 자신이 누구이고 어떤 일을 하며 살아가고 싶은지를 찾게 해주는 것이 더 중요하다.

누구나 직업을 가져야 하는 시대

직장인이라면 회사에 출근해 일하는 동안, 노동력과 그 사람의 업무능력을 통해 월급을 받는 생활을 한다. 문제는 나이가 들면서 그 사람의 경력과 업무 능력이 증가함에 따라 시급은 올라갈 수 있지만 몸에는 한계가 있다. 언젠가는 퇴직을 해야 하는 시기가 오기 마련이다. 체력은 무한대로 올릴 수 있는 것이 아니다. 중간에 건강상의 이유로 퇴사를 하는 사람들이 많은 것을 보면 알 수 있다.

팬데믹을 겪으며 사람들은 노동만으로 돈을 버는 것으로는 한계가 있다는 생각을 하게 되었다. 회사들이 셧다운이 되고, 재택근무를 하는 일이 생기자 개인이 가질 수 있는 시간도 늘어나게 되었다. 회사도 개인을 책임져주지 못하자 사람들은 노동으로 돈을 버는 것 외에 부동산과 주식과 같은 자본을 투자할 수 있는 곳으로 관심을 돌리기 시작했다. 또 온라인 덕분에 새롭게 접하는 부업들이나 투자들에 대한 양질의 강의들을 온라인으로 들을 수 있게 되었다. 나 또한 온라인 강의들 덕분에 아이 셋을 육아하며 짬짬이 공부를 할 수 있었다.

누구나 쉽게 부업을 시작하고 온라인으로 사업을 하는 시대가 시작되었다. 사람의 노동력과 자본, 시간을 이용해 돈을 벌 수 있는 세상이 된 것이다. 온라인 부업이나 창업에는 학력이나 경력을 요구하지 않기 때문에 누구나 공평하게, 쉽게 시작할 수 있게 되었다. 옛날에는 방송국에 난입을 하거나 큰 업적을 쌓아야만 텔레비전에 노출이 되었다. 반면, 지금은 자기가 좋아하는 콘텐츠로 얼마든지 채널을 만들 수 있다.

집에서 살림하는 것을 가지고 콘텐츠를 만들어 올리는 사람들도 있다. 아이들을 육아하는 모습을 가지고 콘텐츠를 만드는 사람도 있다. 누구나 평범한 일상을 가지고도 콘텐츠를 만들 수 있다는 뜻이다. 일상생활에 일어나는 문제점을 해결하는 모습을 찍은 콘텐츠만을 올리는데 조회수가 100만 회를 넘기는 콘텐츠도 있다. 누가 먼저 자신만의 콘텐츠를 가지고 오랜 시간 지속해 이미지를 다지는지에 대한 경쟁이 이루어지고 있다. 학력보다 직장 이름보다 온라인 세상에서 어떤 위치에 있는지가 중요한 세상이 된 것이다.

사람들은 자신의 눈에는 자신이 믿는 것, 흥미로운 것만 눈에 보인다. 이를 확증 편향이라 한다. 있는 그대로의 사실을 자기방식대로 해석해 옳고 그름으로 판단하지 못하게 된다. 팬데믹 세상에 나타난 이러한 변화들이 일시적이고 곧 그 전 세상으로 돌아갈 것이라고 말하는 사람들이 있다. 내가 살던 우물에서 벗어나 세상을 둘러보니, 그동안 얼마나 좁은 세계관 속에서 살아왔는지를 느낄 수 있었다. 세상은 넓고 빠르게 변화하고 있다. 이 변화 속에서 적응하기 위해 배움을 찾는 사람들에게 기회가 올 것이다.

내 아들들에게 꼭 물려주고 싶은 한 가지

우리 아이들이 살아갈 미래는 지금과는 또 다른 세상이 될 것이다. 게임을 하면 인생이 망하는 줄 알았던 시대가 아니다. 학벌도 지연도 심지어 과거에 어떤 일을 했는지 경력도 필요 없이 오직 실력만으로 승부하는 시대가 오고 있다.

내가 학생이었을 때 대치동은 그야말로 교육의 메카였다. 학교가 끝나는 시간이면 대치동은 학원으로 오가는 차들로 꽉 막히곤 했다. 학원 건물 아래 인도 쪽 차도에는 아이들을 픽업하려고 잠시 정차해놓은 차들로 꽉 막혀 있었다. 학원과 학원 사이에 차 속에서 한끼를 해결해가며 여러 학원들을 다녔다.

입시 때면 학원을 보내기 위해 대치동 쪽에 전세를 알아보거나 오피스텔을 계약하는 일은 흔했다. 조금이라도 성적을 올리기 위해 학교 방학 기간 원룸을 계약해 서울로 올라와 생활을 하는 사람들도 많았다.

그러나 과연 학교 성적이 인생을 책임져줄 수 있는지에 대해서는 의문이다. 서울대나 연고대를 가더라도 취업이 안 되는 사람들이 많다. 변호사 시험을 다섯 번 모두 떨어져 이때까지 했던 공부가 모두 무용지물이 되어버린 사람도 있다. 오히려 사회에서 살아남는 사람들은 여기저기 부딪혀가며 배우고 성장한 사람들이었다.

주변의 사업가 C에게 성공비결을 물었던 적이 있다. 그는 학창시절 못 말리는 게임 중독자였다. 학교 성적이 우수했을 리 만무했다. 아이러니하게도 그는 사업을 게임하는 것처럼 한다는 것이다. 목표와 방향을 설정해놓고 레벨을 깨듯이 해나갔더니 어느새 그 자리에 가 있었다고 한다. 망치로 머리를 세게 맞은 것 같았다.

만화를 그리기 좋아해서 교과서의 여백에 만화를 그리다가 선생님께 혼나기만 했던 동창생 K도 웹툰 작가로 활발히 활동하며 어느 전문직 종사자보다 높은 소득을 벌어들이고 있다. 덕업일체를 실현했을 뿐만 아니라 수익까지 내고 있으니 부러웠다.

옛날에 공부를 못해도 갈 수 있는 학교라는 선입견으로 무시당하던 만화 고등학교는 현재 학생들이 들어가고 싶어도 못 들어가는 학교가 되어 입시경쟁률이 치열하기까지 하다.

시대가 이렇게 변했고 앞으로는 더 변할 것이 확실한 세상이다. 과연 나는 내 아이들에게 게임은 절대 하면 안 되고, 만화책은 나쁜 것이라고 교육할 수 있을까? 대신 조절하는 힘을 길러주고 자신의 분야를 개척할 수 있게 도와주어야 할까? 바뀐 미래에 내가 아이들에게 기준을 제시해 주려면 내가 먼저 경험해봐야 했다. 시작하는 이 일로 아이들에게 영감을 주고, 조언을 해주는 엄마가 되었으면 한다.

하루에도 수만 가지 정보들이 업데이트가 되는 세상이다. AI기술은 우리가 자는 시간에도 스스로 정보를 업데이트하고 처리한다. 이미 이세돌과 AI로봇인 알파고가 바둑으로 승부를 걸어 진 것이 2016년도이다. 지금 AI로봇들은 인간들의 직업을 대체할 수 있는 능력을 갖추어 나가고 있다.

지금까지 살았던 그대로 삶을 유지하기에는 세상이 너무 많이 변했다. 심지어 코로나로 그 시기와 속도가 좀 더 빨라졌다. 전 세계가 똑같이 변화를 맞이하고 있다. 변화를 받아들이고 적응할 시간이다. 새로운 기회를 만들기 위해서는 끊임없이 공부하고 업그레이드를 해야 한다. 그 시작은 셀프 브랜딩으로 자신을 알고 자기에게 맞는 코어 콘텐츠를 이용해 자신만의 브랜드를 만들어 나가는 것이다.

2장

셀프 브랜딩을 시작하다

나의 가치 깨닫기

내 존재의 의미는 나의 삶이 나에게 던지는 질문에 있다. "나는 누구인가?"
라는 물음에 스스로 답하지 않으면 세상의 반응에만 의존하게 될 것이다.

- 칼 융 -

01

왜 셀프 브랜딩을
할까?

누구나 셀프 브랜딩이 필요하다

나에게 관심을 돌리고 나를 파악하는 것은 어떤 일을 시작하든지 불문하고 꼭 필요한 일이다. 마치 내 인생에 건물을 짓기 전에 지질을 파악하고 건물을 짓기 위한 땅을 일구는 것과 같은 작업이다. 이러한 작업 없이 건물을 짓는다는 것은 중간에 위기 상황이 닥칠 때마다 감당하지 못할 수도 있다.

그 시작점이 바로 셀프 브랜딩이다. 시작이 탄탄할수록 과정이 수월해지고 계획했던 결과와 유사하게 나올 수 있다. 셀프 브랜딩이 확고할수록 자존감이 회복되고 무엇이든 시작할 수 있는 용기가 생길 것이다.

　우리는 모두 한 분야의 전문가들에게 카리스마를 느끼며 열광한다. 나는 BTS를 좋아하는데 그 이유는 노래에 자신의 스토리가 들어 있고 그것을 프로페셔널하게 표현하며 솔직한 모습으로 꾸준하게 대중과 소통하고 있기 때문이다. BTS가 처음 등장해 학교를 소재로 하여 노래를 했을 때 비평가들로부터 많은 비판을 받았다고 한다. 학교라는 주제가 너무 진부했기 때문이다. 그러나 방시혁 피디는 그런 이야기들을 무시하고 BTS에게 계속 자신들의 이야기를 담은 노래를 할 것을 당부했고, BTS는 앨범마다 그들의 이야기들을 담았다. 그리고 무대를 내려와서 BTS에 속해 있는 개인들의 모습을 평범하고 솔직하게 보여줌으로써 소통을 하려한다. 방송사에서 진행하는 주요 예능채널을 택하기보다 자신들의 채널을 통해 꾸준히 소통하고 있다. 그 결과 BTS가 아미를 키우고 아미가 BTS를 키우는 상호작용이 가능해졌다. 수많은 남자 아이돌 그룹 중, 전 세계적으로 사랑을 받는 이유이다.

　똑같은 직업을 가진 사람들은 많다. 똑같은 직업을 가졌더라도 사람들은 좀 더 능력이 있는 사람을 선택하고 싶어한다. 그러니 같은 직업을 가진 수많은 사람들 중 나의 목표와 방향성, 그리고 분야를 알릴 수 있도록 셀프 브랜딩을 하고, 브랜드 이미지를 전문적으로 발전시켜야 한다.

결국 셀프 브랜딩은 나를 주인공으로 하는 스토리를 만드는 것이다. 셀프 브랜딩이 잘 되면 내 이름이나 닉네임만으로도 자신을 설명할 수 있는 명함이 될 수 있다.

셀프 브랜딩과 퍼스널 브랜딩

뒷장에서 퍼스널 브랜딩에 대해 다루지만 여기서 '셀프 브랜딩'이라고 따로 빼서 이야기를 하는 것은 나름의 이유가 있다. 퍼스널 브랜딩은 자신의 사회적인 일을 하기 위해 하는 브랜딩에 초점이 맞춰져 있다면, 셀프 브랜딩은 내 안의 모든 나에 대해 알아보고 이해하는 시간이다.

살면서 새로운 상황에 맞닥뜨렸을 때, 내 안의 새로운 내가 나오는 것을 경험한 적이 있는가? 나의 경우를 예로 들어보자. 새롭게 발견한 나의 모습은 출산 후 육아를 하며 나온 모습일 것이다.

신경세포가 하나하나 가시를 품은 것처럼 예민하고 날이 서 있었다. 갑자기 불끈 화가 나기도 하고, 매일같이 불평불만을 터트리곤 했다. 지금까지 살아온 나는 속으로 잘 참아왔는데 더 이상 참는 것이 잘 되지 않았다. 처음에는 나를 제외한 다른 사람들의 잘못 때문에 화가 나는 것이라 생각했다. 이때까지 잘 참아왔는데 내가 이렇게 화를 내는 것은 틀림없이 다른 사람이 잘못했기 때문이고, 오죽 했으면 화를 냈을까 생각했다.

어느 날, 닭다리 하나를 가지고 예민하게 화를 내고 있는 나를 보고 당황스러웠다. 이 닭다리 하나 가지고 이럴 일인가. 그리고 내가 괴물같이 변한 것 같아 두려웠다. 돌이켜보니 주변에서 날 화나게 한 것이 아니라 나의 성격이 괴물처럼 변해버린 것 같았다. 내가 괴물처럼 느껴지자 나를 돌아보는 시간은커녕 혼자 있는 시간 자체를 만들려 하지 않았다. 나를 돌아보면 진짜 괴물이 살고 있을 것 같아 확인하기가 겁이 났다.

예전에 누군가가 나에게 "남편과 친하세요?"라고 물어본 적이 있었다. 처음 그 질문에 말문이 막혔던 기억이 난다. '당연히 친하니까 결혼했지!'라는 생각이 먼저 들었다. 그 후에도 그 질문이 내 머릿속에서 계속 맴돌았다. 찬찬히 돌아보니 가까이 있을 뿐, 서로를 더 알고 이해하기 위한 노력은 안하고 있는 것 같았다.

그 후에 '나는 나와 친한가?'라고 질문을 바꾸어 보았다. 내 몸, 내 마음이라 그 존재를 당연하게 여겼지, 살펴보고 이해하려는 시간이 없었다는 것을 알게 되었다. 이렇게 하나하나 알아가기 시작했다. 그리고 이 과정은 한번 했다고 끝이 아닌 것 같았다.

셀프 브랜딩의 순서

셀프 브랜딩을 하기 위해서는 크게 3가지의 단계로 나뉜다. 나는 지금까지 내가 좋아하는 것, 싫어하는 것, 하고 싶은 것, 하기 싫은 것들에 대해 주어지는 대로 별다른 의견 없이 해오곤 했다. 무의식속에서는 그 구분이 있었음에도 불구하고 내 감정을 제대로 표현을 잘하지 못 하거나 싫어하는 것을 표현하지 않고 참으며 살아왔다.

처음 자신의 페르소나를 정하라는 말을 들었을 때, 처음 드는 생각은 내가 무엇을 좋아하는지 전혀 모른다는 것이었다. 어떤 사람들은 너무 쉽게 결정하는데 나는 내 페르소나를 결정하는 것에도 시간이 한참 걸렸다. 하루는 'SNS에서의 나의 페르소나를 결정한다'고 표현한 것을 들은 어느 MZ세대 후배가 배를 잡고 굴러다닌 적이 있었다. 그냥 자신의 모습 중 하나로 하는 것이지, 분석하고 결정한다는 나의 표현에 어이가 없어했다.

실제로 SNS에 자신을 드러내는 MZ세대들을 보면 쉽게 자신의 모습을 드러낸다. 그리고 그 모습이 인위적이지 않고 자연스럽다. 한편으로는 쉽게 접근하는 그들이 부럽기도 했다. 나는 왜 저렇게 쉽고 '자연스럽게'가 어려울까 하는 생각이 들기도 했다.

호불호가 딱히 없는 평범한 내가 그냥 나를 돌아보기에는 두루뭉술하고 어디서 어떻게 시작해야 하는지 감이 오지 않았다. 그래서 여러 가지 기준과 도구를 가지고 살펴보기도 했고, 분석을 해보기도 했다. 그렇게 나와 같은 사람들을 위한 '셀프 브랜딩' 과정을 이번 장에서 소개하게 되었다.

큰 순서는 나를 돌아보고 도구를 통해 분석한 후, 내가 가고 싶은 방향에 맞추어 움직이는 것이다. 상상이 가는가? 자신이 어떤 사람이고 어디로 가는지 정확하게 이해하고 행동한다고 느끼는 순간, 나의 한정된 시간과 에너지를 가장 효율적이고 마음에 쏙 들게 쓰는 순간, 그 순간에 가장 멋있는 '나'가 될 것이다.

"저는 어디로 가야 할까요?"
"그건 네가 어디로 가고 싶은지에 달려 있지. 모든 모험은 첫발을 내딛는 것이 꼭 필요하단다."

『이상한 나라의 앨리스』에서 길을 묻는 앨리스에게 체셔캣이 하는 말이다. 내가 원하는 방향이 바로 맞는 길이라니. 이제 해야 할 일은 나를 알고, 내가 가고 싶은 길을 알면 되는 것이다. 모든 것에는 용기 있는 첫발이 중요하다. 시작이 반이라는 말도 있지 않은가.

나의 자아상을
파악하는 것이 먼저다

당신은 누구입니까?

'나는 누구인가?'

초등학교 4학년 때 담임선생님이 1년 동안 과제라며 내주신 숙제이다. 당시에 우리 반 아이들은 난생처음 들어보는 심오한 숙제에 잠시 정적이 흘렀다. 몇몇 아이들은 우리 반에만 주어진 과제임을 알고 한숨을 내쉬기도 했다. 나 또한 이 과제를 어떻게 접근해야 할지 막막했던 기억이 난다. 한 번도 살면서 접해본 적이 없는 질문이었기 때문이다. 어린 나에게 수학 문제를 푸는 것보다도 어려운 질문이었다. 학기말이 되고, 숙제를 내야 할 기한이 다가오자 친구들과 집에 모여서 나는 누구의 딸이고 디자이너가 되고 싶고 등등이 어설프게 적힌 종이 한 장을 제출했었다.

그리고 어른이 되어 상담소 소장님으로부터 다시 똑같은 질문을 받았다. 몇십 년이 지나서도 나는 여전히 그 질문에 답하지 못했다.

보통 사람들에게 "당신은 누구입니까?"라는 질문을 하면 직업을 이야기 하곤 한다. "나는 유통업자입니다.", "나는 사업가입니다." 이 직업을 들으면 대충 그 사람에 대한 판단이 가능한 것도 사실이다. 또는 과거의 나처럼 말문이 막혀버리곤 한다.

여기에서 이야기하고 싶은 것은 스스로의 자아개념에 존중감을 더한 긍정적인 표현이 섞인 자아 정체성에 대한 이야기다. 자아 정체성은 자신이 지각하는 신체적 특징과 성격, 적성, 흥미, 가치관을 통해 자신을 정의하고 이것을 긍정적인 상호 교류를 통해 구성된다. 철저히 나를 객관적인 시각으로 관찰해보면 극명하게 알 수 있는 것이다.

나에 대한 정체성이 확실하게 인지 되었을 때 비로소 어떤 직업을 가져도 나만의 영역을 구축해나갈 수 있다.

너무 어렵다고? 그럼 객관적인 나에 대해 알 수 있는 검사부터 시작해 보자. 그리고 그 검사가 나를 이야기해주고 있는 것이 맞는지, 여기서 어떻게 변하고 싶은 내 모습이 있는지 살펴보자. 한결 쉽게 나에 대해 파악할 수 있다.

MBTI나 애니어그램, 버크만 검사 등을 이용해 자신의 성격유형을 파악한다

인터넷에 검색해보면 MBTI나 애니어그램을 검사해볼 수 있는 프로그램들이 많다. 자신의 객관적인 모습을 파악하는 데 사용하면 좋다. 검사를 하면 내가 가지고 있는 성향부터 시작해 상황을 대하는 태도까지 나온다. 검사를 통해 현재 내가 가지고 있는 성향이 맞는지 확인해본다. 이 검사결과로 어렴풋이 알았던 나의 객관적인 모습을 알아낼 수 있다.

MBTI검사 결과를 볼 때 조심해야 할 점들이 있다. 첫 번째로는 성격유형 검사는 현재 가지고 있는 성향에 대한 검사이기 때문에, 환경에 따라 상황에 따라 변할 수 있는 것이다. 나 또한 어렸을 때의 MBTI와 지금의 것은 달라졌다.

현재 나는 MBTI 유형 검사를 하면 INFP가 나온다. 그러나 어렸을 때 내가 기억하는 나의 성격은 좀 다르다. 초등학교 1학년 때의 일이었다. 학년 말에 학교에서 장기자랑을 했다. 반별로 한 팀씩 대표로 나와 장기자랑을 하는 것이었다. 무슨 생각이었을까. 나는 겁도 없이 내가 우리 반을 대표로 노래를 부르겠다고 했다. 선생님은 놀란 표정으로 노래에 자신이 있는지 여쭤보셨다. 나는 당차게 아빠와 함께 나가 노래를 부르겠노라 말씀드렸고, 선생님은 초등학교 1학년의 당찬 열정을 꺾지 않으셨다. 장기자랑 당일, 다른 반 학생들은 정말 자랑할 만한 '장기'를 가지고 나와 무대를 했다. 나와 아빠는 그야말로 동요 하나를 부르고 내려왔다. 이 에피소드는 가족들 사이에서 오래 회자되며 놀림거리가 되었다.

두 번째는 성격검사 결과 안에 매몰되어서는 안 된다. INFP의 결과를 받고 결과지를 읽어보았더니 내 행동의 이유까지 적혀 있어 내 성격을 이해하는 데 도움을 받았다. 그러나 무슨 일을 할 때마다 INFP의 특성이라는 핑계를 대며 주저하는 것이 느껴졌다. '나는 내향적이라 이런 것은 하지 않아.'라고 단정해버리는 것이었다. 성격을 파악하고 난 후, 좋은 방향으로 개선할 수 있는 방법도 함께 생각해봐야 한다. 정반대되는 성향의 것을 도전해봐도 도움이 된다.

나의 경우, 내성적이라서 절대 배우지 못할 것 같았던 댄스 클래스를 들어보았다. 동작을 따라 하는 데 어려움이 있었지만, 몸을 활기차게 움직이니 에너지를 받는 느낌이 들어 기분이 좋았다. 어떤 일을 하는 데 두려움을 느끼거나 망설여진다면 그것은 성격 때문이 아니라 성격 안에 나를 가두고 있어서일 가능성이 크다.

내 인생의 스토리를 모아보자

글쓰기를 해본 경험이 있는가? 셀프 브랜딩을 할 때 나의 진솔한 모습을 알기 위해 가장 좋은 방법은 바로 글쓰기다. 나에 대해 쓰는 것이 쑥스러울 수 있다. 간단하게 '나'를 주인공으로 하는 이야기를 하나 쓴다고 생각해도 좋다.

이야기가 전개되기 위해서는 인물, 사건, 배경이 필요하다. 셀프 브랜딩이 '나'라는 사람의 이야기를 하는 것이라면 위 3요소가 필요하다. 내가 지금까지 살아온 인생을 3요소를 이용해 스토리로 정리해보자. 누구와 어떤 일이 있었는지, 어떤 환경에서 자랐는지 모든 것이 나를 파악하는 데 중요한 소재가 된다.

여기서 중요한 것은 우리가 지금 쓰고 있는 이야기는 허구가 아닌 사실들을 기반으로 써야 한다는 것이다. 최대한 생각이 나는 모든 것을 자세하게 적어보는 것이 좋다. 실패하고 넘어지고 수치스러운 기억들까지 말이다. 뒷장에서 실패한 경험을 다루는 법에 대해 다룰 예정이다. 그리고 때론 이 실패한 이야기들이 오히려 더 멋진 이야기로 완성되기도 한다. 타임머신을 타고 과거로 돌아가 하나씩 끄집어내야 한다. 년도를 옆에 적어두고 5년마다, 10년마다 있었던 일을 적는 것으로 시작해도 좋다. 사건이 생각나지 않아 서술하는 데 어려움이 있다면 단어만 나열해도 좋다.

이 스토리에는 외부적으로 일어난 사건뿐만 아니라 내면의 사건도 함께 적어야 한다. 감명 깊게 본 영화나 나에게 영향을 준 사람, 감명 깊었던 대화, 느낀 것들도 포함해야 한다. 현재 SNS를 하고 있다면 어떤 콘텐츠를 접하고 있고, 온라인 세상에서 내가 만나는 사람들은 어떤 사람인지도 함께 적어본다.

나만의 스토리를 가지고 키워드를 정하기 어려울 수 있다. 그렇다면 내가 닮고 싶은 사람들을 찾아보는 것도 좋은 방법이다. 닮고 싶은 사람들을 죽 나열해 본 후 그들이 공통적으로 가지고 있는 키워드 즉, 내가 닮고 싶은 부분의 키워드를 살펴본다. 그 후 그것이 내 스토리와 연결점이 있는지, 없는지 찾아본다.

그 후 키워드를 뽑기 위해 살펴봐야 하는 것들은 아래와 같다.

나 - 이미지, 성격, 습관
신체 - 외형, 외모
사랑 - 가치관, 연애, 결혼
커리어
돈 - 가치관, 수입, 지출, 자산관리, 지출이 많은 곳, 수입을 일으킬
    수 있는 곳

시간 – 시간 관리, 시간을 많이 쓰는 곳

가정 – 환경, 공간

관계 – 가족 관계, 친구 관계, 육아

취미, 특기

사회 공헌 – 공동체를 위해 하고 있는 또는 하고 싶은 활동

하고 있는 일

하고 있는 일을 진행하는 방식 – 소통적, 폐쇄적, 우상화, 다정함 등

가지고 있는 이미지

부럽거나 닮고 싶은 부분

상처받았던
과거를 정리하는 법

누구에게나 희노애락의 과거가 있다

태어나자마자 걷는 사람은 없다. 우리의 인생은 모두 '완벽'하지 않다. 때론 실수하기도 하고 후회가 남는 선택을 하기도 한다. 자신이 굴곡이 없는 인생을 살았다고 자신 있게 이야기하는 사람은 없을 것이다. 물질적으로든 정신적으로든 말이다. 그러나 우리는 실패의 경험에 대해서 관대하지 못하다. 보통 이런 과거의 기억들을 잊으려 애쓰거나 그때의 감정을 마음속에 담아놓고 산다.

셀프 브랜딩을 하면서 괴로워도 꼭 해야 하는 것이 있다. 바로 지우고 싶은 과거를 정리하는 작업이었다. 내가 아무리 잘 기억이 나지 않는다고 해도, 떠올리기 힘든 과거는 내 무의식 어딘가에 자리 잡고 있을지도 모른다. 때문에 앞으로의 일 중, 그와 비슷한 경험을 다시 만난다면 과거와 똑같은 감정에 빠져 허우적대거나 같은 선택을 하여 또 좋지 못한 기억으로 만들 수 있다. 결국 회피하려 했던 기억들이 내 발목을 잡는 날이 올 수 있다.

그러나 한 가지 주의할 점이 있다. 여기에서 하는 과거 정리하기는 심리치료를 기반으로 한 것이 아니다. 만약 그 경험이 트라우마를 동반할 정도로 큰 것이라면 전문 상담사에게 상담을 받을 것을 권하고 싶다. 나 또한, 약 5년 전부터 마음이 힘들 때면 어김없이 찾아가는 심리상담소에서 상담을 받는다. 내가 과거에 받았던 상처들을 내 입을 통해 이야기하고 상담 소장님의 객관적인 시각으로 정리한다. 그런데 신기한 것은, 상처 입은 사건들로 인해 막연하게 두려움을 느끼며 살아왔더라도, 입 밖으로 이야기하고 객관적인 시각으로 정리가 되면 그 사건을 바라볼 때 예전처럼 두렵지 않다는 것이었다.

누구에게나 희노애락의 순간들이 있다. 우리 인생에서 분노와 슬픔은 시간이 지나면 각색이 되거나 삭제되기 쉽다. 그 사건을 돌이켜보면 처음 일어난 사실과는 다르게 나의 주관적인 생각으로 아예 다르게 각색이 되어 있곤 한다. 이런 각색을 통한 자기중심적인 닫혀 있는 사고에 빠지지 않기 위해 과거의 정리는 반드시 필요하다. 과거를 잘 정리해야 더 나은 미래를 계획할 수 있다. 돌아볼 수 있어야 내다볼 수도 있는 것이다.

피하고 싶은 과거를 최대한 객관적으로 나열하라

과거의 후회하는 기억들을 떠올려보자. 마음을 아프게 하려는 의도가 아니다. 과거의 경험을 바꾸려는 것도 아니다. 그러니 일어났던 사건 자체가 감정에 가려져 있다면 나를 제삼자라고 생각하고 떨어져 그 경험을 돌이켜 보아도 좋다.

먼저 사건을 최대한 객관적으로 서술해보자. 서술도 어렵다면 단어를 나열해도 좋다. 왜 그 일이 일어났고 원래 원했던 결과에 대해서도 써보자. 그때의 경험으로 인해 가슴으로 느껴지는 느낌을 적어도 좋다.

나의 경우, 첫 직장에서 일한 지 3개월이 채 안 되어 잘렸을 때의 이야기를 쭉 적었다. 그 당시 나는 나를 자른 팀장님이 야속하게만 느껴졌었다. 분노에 떨며 '두고 보자'라고도 생각했다. 지금 돌이켜보면 내가 팀장이었어도 나는 더 이상 같이 일하고 싶지 않은 직원이었다. 그 당시 어느 국내 브랜드의 옷에 프린트를 디자인하는 업무를 맡고 있었다. 그 브랜드에 대한 애착도 없고, 브랜드의 콘셉트가 이해가 되지 않았다. 프린트 디자인을 해서 가져가면 탈락되기 일쑤였다. 결국 3개월 동안 내가 디자인했던 프린트는 단 한 번도 채택이 된 적이 없었다.

첫 회사에서 잘렸던 경험을 떠올려보면 처음엔 수치심과 분노가 일어났다. 그리고 내가 정말 모자란 사람일까 봐 두려웠다. 그리고 그 트라우마를 극복하기 위해 더 악착같이 매달렸다. 그리고 더 가고 싶었던 회사에 취직을 하고 난 후에도 그때의 감정이 치유되지 않았다. 무의식중에 나는 '실패를 했던 사람', '또 그런 일이 일어날 수 있는 사람'이라는 것이 마음속에 남아 있었다. 그 후 내가 거절을 당할 것 같은 일이 생기면 내가 먼저 그만두거나 아예 시작조차 하지 않았다.

그 일이 일어났다는 것을 수용하라

그 사건을 회피하기보다 '그런 일이 있었지.'라고 인정하고 수용한다. 생각으로 하기에는 감정들이 앞설 수 있으니 글로 써 보거나 누군가에게 말로 이야기하는 것이 좋다. 서술하기 어렵다고 느껴진다면 마인드맵을 활용해도 좋다. 일어났던 사건에 대한 단어들을 적고 거기에 연관되어 떠오르는 생각들을 쭉 나열해보는 것이다. 이렇게 말하고 쓰는 동안 마음에서는 어느 정도 수용이 일어나고 있다.

생각만으로 당시 나는 왜 나에게만(?) 이런 일이 일어났는지 납득할 수가 없었다. 나에게는 일어나지 않았으면 좋았을 일이었다. 이런 일이 일어나도록 했던 나를 원망하고 회사를 원망했다. 이렇게 종이에 적거나 이야기하면 누구에게나 일어날 수 있는 일 중 하나였다. 그리고 객관적으로 보아도 그 일을 하는 게 내 적성에 맞는 것도 아니었고, 재능이 있는 것도 아니었다. 회사가 이 점을 나보다 먼저 파악했을 뿐이었다.

경험 정리하여 앞으로 나아가라

과거에 일어난 경험에 대해 부정적인 감정이 남는다면, 그 감정을 정리해야 할 필요가 있다. 그냥 감정으로 지나친다면 때론 그 사건이 감정에 감춰져 얻을 수 있는 메시지를 발견하지 못하기 때문이다.

– 얻은 것 : 나와 맞지 않는 성격의 일도 있을 수 있다는 점을 알았다. 또한 그로 인해 더 원하는 직장에서 정규직으로 남기 위해 더 치열하게 노력하였다.

– 잃은 것 : 그 당시 같이 입사했던 직장동료들을 잃었다. 같이 입사해서 직장에 다니던 동료들은 하나같이 멋있는 이력의 사람들이었다. 함께 식사하며 친해질 무렵 갑작스럽게 퇴사를 통보받아 아무에게도 이야기하지 못하고 여느 때처럼 자연스럽게 퇴근하는 것처럼 집으로 돌아왔다. 그 후 그 동료들에게 오는 연락을 피하곤 했다. 내 모습이 너무 작아보였

기 때문이다.

- 보완해야 할 것 : 내가 실패하면 마음의 동굴 속으로 들어가 은둔하는 습관이 있다. 나의 약한 모습을 다른 사람들에게 보이면 안 된다는 강박이 있다. 솔직한 모습을 숨기지 않고 보여주는 연습을 해야 한다.

과거의 경험들은 모두 내가 가는 여정을 안내를 해주는 표지판과 같다. 심지어 실패했던 경험까지도 말이다. 다만 그 실패의 경험이 현재 우리의 발목을 잡고 있는지, 혹은 그 경험을 딛고 더 좋은 선택을 하고 있는지의 차이이다. 우리가 실패의 경험을 잘 극복해낸다면 오히려 내면이 더 단단해지고 힘이 생기는 것을 알 수 있을 것이다.

영웅들의 이야기를 보면 처음부터 완벽한 사람은 없다. 모두 고난과 역경을 극복하고 훌륭한 사람이 된다. 그리고 이런 고통스러운 경험들을 이겨낸 이야기들이 우리에게 큰 감명을 준다.

아일랜드 출신의 소설가 겸 비평가인 조지 버나드 쇼는 "실수하며 보낸 인생은 아무것도 하지 않고 보낸 인생보다 훨씬 존경스러울 뿐 아니라 훨씬 더 유용하다."라고 했다. 제임스 조이스는 "실수는 발견의 시작이다."라고 했다. 심지어 탈룰라 뱅크헤드는 "인생을 다시 산다면, 나는 똑같은 실수를 조금 더 일찍 저지를 것이다."라고 말하기도 한다. 유명한 사람들도 하나같이 실수와 실패에 대해서 '너는 인생의 실패자야.'라고 이야기하지 않는다. 오히려 좋은 인생이라고 이야기한다. 우리에게는 실패를 딛고 일어설 수 있는 힘이 있다.

내 안의 수많은
나를 만나다

내 안에는 수많은 자아가 있다

우리가 인지를 못하더라도 내 안에는 여러 가지의 모습이 있다. 평소에는 이런 모습인데 어떤 사람을 대할 때는 다른 모습이 나올 수 있다. 어떤 상황이 닥치면 또 다른 모습일 수 있다. 새로운 곳에 여행을 가거나 도전해야 할 일이 닥치면 내 안의 다른 모습이 나오기도 한다. 나는 같은 사람이지만 다르게 보일 수 있다. 학창시절 친구들이 회상하는 나와 지금의 남편이 나에 대해 생각하는 나는 다를 수 있다는 것이다. 실제로 최근의 과학연구에서는 자아를 다면적인 개념으로 본다. 최근 유행하는 '부캐'도 이런 '페르소나'가 있다는 것을 드러낸 모습이라 할 수 있다.

그렇다면 나는 누구인가? 라는 질문에 '내 안에 수많은 내가 있다면서 어떻게 알아?'라고 할 수 있다. 내면의 다양한 자아와 정체성을 파악해야 한다. 종이를 준비하여 '나는 누구인가?'라는 질문을 적어본다. 그리고 다양하게 하고 싶은 역할들을 적어본다. 또는 상황을 적어보아도 좋다. '여행을 하는 사람', '등산을 하는 사람', '어떤 지위에 있는 사람' 등 구체적인 단어를 넣어 적어보는 것이 좋다.

그리고 이렇게 적은 자아는 2가지로 나눌 수 있다. 진짜 나의 모습이 담긴 자아와 다른 사람의 기준으로 만들어진 자아로 말이다. 자신이 진짜 좋아하는 모습인지 타인의 기대와 기준으로 만들어진 자아인지 구분해보자. 타인의 기준으로 만들어진 자아를 버릴 필요는 없다.

이렇게 여러 모습을 한 자아들로부터 얻을 수 있는 것들이 있다. 앞으로 어떤 자아로 살고 싶은지를 적어보는 것이다. 대부분 행복한 나, 부유한 나, 풍요로운 나, 사랑이 넘치는 나의 모습 등 긍정적인 모습을 적을 것이다. 반대로 피하고 싶거나 되기 싫은 나도 적어보자. 우울한 나, 부정적인 나, 외로운 나, 괴로운 나가 되고 싶은 사람은 없다. 막연했던 생각을 적어보면 구체화 된다. 가장 무서운 것은 예측이 되지 않을 때이다. 공포 영화를 볼 때 어디선가 무슨 일이 일어날 것만 같은 그때가 가장 공포감이 크다. 막상 적고 나면 별 것 아닐 수 있다.

앞으로 살면서 또 다른 자아가 나올 수 있다. 전혀 다른 모습일 수도 있다. 이렇게 적어본 경험이 생기면 새로 나타난 자아의 모습에 당황하는 일은 없을 것이다. 이제는 자신의 진짜 자아인지 타인에 의해 나타나는 자아인지 구분이 되기 때문이다.

마음의 4가지 창

'조하리의 창'은 인간의 마음의 창을 4가지로 구분한다. 첫 번째는 '공개된 자아'이다. 이것은 내가 다른 사람과 다 같이 볼 수 있는 부분으로, 외모, 이름, 그 사람의 전반적인 배경들이 이에 해당한다. 두 번째로는 '숨겨진 자아'로 자신은 알지만 다른 사람들이 보지 못하거나 보이지 않게 숨겨놓은 부분이다. 이것은 오직 자신만이 알고 있는 자아로, 숨기고 있는 비밀이나 욕구 등이 여기에 해당한다. 세 번째 창은 '눈먼 자아'로, 다른 사람들은 보지만 우리 자신은 보지 못하는 부분이다. 우리는 가끔 무의식에 의해 행동하곤 한다. 나 자신은 인지하지 못하지만 다른 사람들에겐 보일 수 있는 부분이다. 스스로 모르고 있다가 조금씩 알아가게 될 수 있는 부분이기도 하다. 마지막 창은 '미지의 자아'로 우리는 물론 다른 누구도 볼 수 없는 부분이다. 과거의 잊힌 경험이나 무의식적인 두려움, 상처 등이 여기에 해당된다.

우리는 우리 자신을 안다고 생각하지만 사실은 모를 때가 많다. 나 또한 모르고 살아왔던 시간들이 더 길었다. 대신 다른 사람들이 만들어 놓은 기준에 맞추며 살아왔던 것이다. 내가 얼마만큼 나에 대해 알고 있는지 '4가지 창'을 가지고 적어보자. 그리고 어떤 자아가 가장 많은 비중을 차지하는지 생각해보자.

내가 위의 '4가지 창'을 이용해 적어보니, 첫 번째 창인 '공개된 자아'에 서 있는 그대로의 나의 모습보다는 '보여지고 싶은 모습'을 적은 것들이 많았다. 진짜 나의 모습보다 더 꾸며지고 만들어진 나의 모습을 드러내고 싶을 때가 많은 것이다.

완벽해지려 할수록 드러내지 못한다

나의 성향 중 하나는 첫 시작에서의 완벽을 추구하는 것이다. 매 순간이 아닌 첫 번째만큼은 완벽하고 싶은 이상한 성격을 가졌다. 이 이상한 완벽주의는 완성도 있는 결과물을 내기도 하지만 스스로 발목을 잡을 때도 많았다.

'완벽주의'를 나무위키에서 찾아보면 '완벽한 성취와 역량, 사회적 가치 조건들의 완벽한 내면화를 스스로에게 혹은 타인에게 강요받을 경우에 나타나는 인지적 신념'이라고 나온다. 완벽주의의 긍정적 측면이 발휘되

일하고 싶은 경단녀를 위한 브랜딩 스타트업

는 경우, 동기부여를 가능하게 해서 성취를 이룰 수 있도록 돕는 효과가 있다.

그러나 부정적인 측면이 발휘될 경우, '지네의 딜레마'에 빠질 수 있다. 지네가 별 신경 쓰지 않고 무심하게 걸었을 때는 잘 걷지만 다리 중 어느 다리를 먼저 내딛고 어느 다리를 어떻게 움직이는지 정확하게 계산해서 걸으려 하면 오히려 걸음걸이가 꼬이게 된다는 것이다. 또한 완벽하려 하면 일을 미루게 되기도 한다. 기량을 펼치지 못 했을 때 자기비하를 서슴지 않고 하기 때문에 생산성이 저하되기 때문이다. '실수도 실력'이라는 말로 한 치의 실수도 용납하지 않기 때문에 일을 망칠지도 모른다는 불안함 때문에 오히려 못하는 것이다.

'무엇이든 지나치면 모자란 것만 못하다'라는 말이 있다. 완벽을 추구하는 성향을 지양하는 것이 좋다. 오히려 자신의 부족한 부분을 알고 수용하는 것이 건강하다는 것이다. 처음부터 완벽한 결과물은 없다. 처음부터 100%로 시작하는 것은 불가능하다. 70%로 시작하고 채워 넣는 것이 더 낫다. 100%로 시작하려 하면 첫 시작까지 너무 오래 걸리거나, 아예 시작도 하지 못하고 끝나버릴 수 있기 때문이다.

'첫 번째 펭귄'이라는 말을 들어본 적이 있는가? 펭귄들이 바다에 뛰어들기 전에 일제히 제자리걸음을 하며 머뭇거리는 펭귄들 사이로 가장 처음 바다에 뛰어드는 용감한 펭귄 한 마리를 뜻한다. 넓은 바다에는 바다

표범이나 물개 같은 천적들이 펭귄들을 노리고 있다. 동시에 바다에는 펭귄들의 먹이인 물고기들도 많다. 두려운 마음을 뚫고 첫 번째 펭귄이 바다에 뛰어들면 다른 펭귄들도 쉽게 뒤따라서 바다로 뛰어들 수 있다. 일단 시작을 해야 앞으로 나갈 수 있다. 내 감정에서 두려움을 뚫고 '첫 번째 펭귄'이 되어야 한다.

나는 앞으로
어떻게 되고 싶은가?

앞으로 전개될 시나리오를 적어보라

드라마나 영화에 보면 작전에 투입되기 전, 회의를 통해 작전 시나리오를 짠다. 한가지의 작전만 짜는 것이 아니다. 플랜 A부터 많게는 C까지 있다. 예측 불가능한 상황에서 어떤 일이 발생하더라도 리스크를 최소화하고 미션을 달성하기 위한 것이다. 이 작전 시나리오는 꼭 작전같은 큰 임무를 수행할 때만 사용되어야 하는 것일까?

변화가 많고 모든 것이 불확실한 지금, 미래에 대한 예측은 완전할 수 없다. 그럼에도 셀프 브랜딩 때에도 미래에 대해 예측하고 시나리오를 써야 한다. 각자의 스토리가 다르듯이 처한 상황과 해결방안도 모두 다르기 때문이다. 머릿속에만 막연하게 있던 것들을 이렇게 시나리오로 정리하면 예측 불가능한 상황을 좀 더 의연하게 대처할 수 있다.

올해 초, 사립 초등학교인 G는 입학 경쟁률이 무려 5:1이 넘었다. 무슨 초등학교가 이렇게 경쟁률이 센지···. 이렇게 경쟁률이 센 것은 그 학교도 역사상 처음 있는 일이라고 했다. 상황을 들어보니, 팬데믹으로 학생들이 학교로 등교하지 못하게 되자 어느 선생님의 지도 아래 모든 수업을 온라인으로 바꾸고 그에 맞는 장비를 구축하여 학사 일정에 맞추어 진도를 나갈 수 있었던 것이다. 발빠르게 대처한 덕분에 다른 학교에서 아무것도 하지 못하고 있을 때, 이 학교는 이 선생님 덕분에 진도가 밀리지 않았다는 것이다. 더욱이 겨우 안정되어 등교할 수 있는 상황이 되자, 평소 똑같은 시간에 온라인 수업을 통해 공부를 해왔던 이 학교는 학생들이 빠르게 학교생활에 적응했다고 한다. 이 소문이 퍼지자, 정부에서 이 선생님을 모셔다가 인터넷 강의를 구축하는 데 많은 도움을 받았다고 한다.

이 교사는 세상의 흐름을 읽고 빠르게 대처한 덕분에 G학교를 다니고 있는 학생들은 수혜를 받을 수 있었다. 늦고 빠른 것은 없다. 바로 시작하는 것이 가장 빠른 길이다.

유학원 사업을 하는 H선배가 있었다. 코로나로 인해 학원가에 학생들이 뚝 끊어진 데다가 유학길도 막혀 어려움을 겪고 있었다. 그는 온라인 부업이라도 시작해야 하는지 나에게 물었다.

"아무리 온라인 부업을 해야 한다고 하지만 새로운 파이프라인을 만들고 싶은 사람에게 해당되는 말이에요. 선배는 그 전에 먼저 해봐야 할 게 있어요."

나는 그녀에게 모든 강의를 인터넷으로 전환해보는 것으로 의견을 내었다. 선배도 동의하는 한편, 수업을 다시 시작한다고 해도 수요가 줄어드는 것을 고민하였다. 그리고는 곧 온라인 수업을 개강했다는 소식이 들려왔다.

나중에 만나 고민했던 학생들의 수요가 줄어드는 것에 대한 해결책을 들을 수 있었다. 우선 유학을 준비하는 학생들을 위한 수업을 그대로 유지했다. 그리고 해외에서 한국으로 들어오지 못하는 학생들을 위해 또 하나의 커리큘럼을 만들어 다음 개강을 대비한 수업을 오픈했다고 한다. H선배는 현재 상황을 파악하고 자신에게 맞는 시나리오를 짠 덕분에 학생 수는 오히려 늘었다고 했다. 위기의 상황에 선배는 수혜를 본 것이다.

친구 L의 남편은 의사이다. 전문직을 업으로 가지면 남은 인생은 편안하게 살 수 있을 줄 알았단다. 그러나 개업을 하려고 상가를 알아보러 다니다가 현실이 눈에 들어왔다. 한 건물에 하나씩 병원이 있고, 사람들이 많이 찾는 강남에는 한 건물에 병원이 2개 이상 있기도 하기 때문이다. 역시나 개업을 하니, 손님을 끌어오기가 쉽지 않았다. 임대료에 각종 장비들을 구입했기 때문에 시술비를 마냥 내릴 수도 없었다. 그는 대신 중국으로 출장을 다니며 시술을 선보이는 세미나로 돈을 벌고 있었다. 코로나로 인해 출장이 어려워지자 3개월 동안은 카오스 상태였다. 시술비를 많이 내리고 마케팅 비용을 늘려서라도 고객을 끌어와야 하나 고민했다.

그러다가 친구 L의 아이디어로 온라인 세미나를 열고 중국에 있는 병원들에 이메일을 보내기 시작했다. 온라인 세미나를 통해 그동안 참여하기 힘들었던 병원들이 참여할 기회가 늘자 오히려 수입이 늘기 시작했다. 그 후, 세미나를 녹화해 강의를 만들어 의사들을 대상으로 온라인강의를 팔기 시작했다. 그에게도 잠을 자고 있을 때도 들어오는 수입이 생긴 것이다.

생애주기가 길어지면서 한사람이 평생 하나의 직업을 가지고 살아가는 것이 아닌 여러 가지의 직업을 가질 수 있다. 기업들이 시대의 변화에 살아남으려면 끊임없이 혁신해야 하는 것처럼 나도 자신의 능력을 지속적으로 발전시켜야 한다. 그리고 그 변화에 빠르게 적응하기 위해서는 변화를 예측하고 적응하는 것이다. 시나리오는 변화에 맞추어 계속 수정해나가야 한다. 빠르게 변한다고 해도 그 안에서 중심이 생기는 나를 발견할 수 있을 것이다.

해보자, SWOT 분석!

위의 방법대로 키워드를 뽑았다면 SWOT을 이용해 분석해보자. 주로 마케팅 분석을 하고 사업 계획을 할 때 사용하는 방법이다. S는 강점(strength), W는 약점(weakness), O는 기회(opportunity), T는 위협(treat)을 알아보고 이를 토대로 내 강점과 보완점을 파악하는 분석 방법이다. 여기서 S와 W는 나에 대한 것들이고, O와 T는 내 주변의 외부 환경들이다.

1. 강점을 알아보기 위한 질문(나)
- 직장에서, 집에서 잘하는 것은
- 좋아하는 것은
- 하다 보면 몰입하는 일들
- 내가 잘한다고 생각하는 것은
- 칭찬을 많이 들었던 부분은
- 자신감이 있는 것들
2. 약점을 알아보기 위한 질문들(나)

- 직장에서, 집에서 잘 못하는 것은

- 싫어하는 것은

- 지적을 받는 일은

- 하기 싫은 일은

3. 기회를 알아보기 위한 질문들(외부환경)

- 내게 올 가능성이 있는 기회들

- 나의 환경

4. 위협을 알아보기 위한 질문들(외부환경)

- 내게 올 수 있는 리스크들

- 나의 환경

위의 제 부분을 작성했다면, 이제 묶어서 살펴보아야 한다. 셀프 브랜딩을 위해서 내가 집중했던 것은 SW(강점과 약점), SO(강점을 이용해 기회를 잡기), WT(위기를 최소화할 수 있는 약점)이다.

강점과 약점을 알면 내가 잘하는 것이 무엇이며, 어디에 집중해야 하는지 알 수 있다. 반대로 약점은 채우기보다, 위기를 막을 수 있는 만큼만 유지하고 있으면 된다.

메타인지적으로 생각하라

메타인지란 '초월한'의 뜻을 가진 '메타(Meta)'와 인지의 결합어로, 자신이 '아는지 모르는지에 대해 스스로 판단하는 능력이다. 즉 나 스스로를 관찰하는 또 다른 나의 눈이다. 소크라테스의 "너 자신을 알라."라는 명언을 들어보지 못한 사람은 없을 것이다. 우리가 우리를 잘 인지하고 있다는 것은 매우 중요하다.

얼마 전 '0.1%의 비밀'이라는 프로그램에서 전국 모의고사의 전국 석차가 0.1% 안에 들어가는 800명의 학생들과 평범한 학생들 700명을 비교하면서 도대체 두 그룹 간에는 어떠한 차이가 있는가를 탐색해보는 부분에 대해 방영한 적이 있다. 보통 우리는 공부를 잘하는 학생들은 IQ가 높거나, 부모님의 머리를 닮았거나, 대치동의 좋은 학원 강사에게 교육을 받았을 것이라고 추측한다. 그런데 그 프로그램에서 나오는 0.1%의 학생들에게는 이런 요소들이 포함되지 않았다. 여러모로 조사를 해보았는데 이 0.1%에 속하는 친구들은 IQ도 크게 높지 않고, 부모의 경제력이나 학력도 별반 다를 것이 없었던 것이다. 그렇다면 도대체 그 학생들의 공부 비결에 특별한 공통점은 무엇일까? 질문에 대한 답을 알 수 있는 놀라운 점이 발견되었다. 기억력 자체에는 큰 차이가 없지만 자신의 기억력을 바라보는 눈에 있어서는 0.1%의 학생들이 더 정확했다는 것이다. 이는 무엇을 의미하는 것일까? 바로 메타인지 능력에 있어서의 차이이다.

메타인지는 공부하는 학생들뿐만 아니라 우리 모두에게 중요하다. 스스로를 보다 객관적으로 판단할 수 있기 때문이다.

미로 안에 갇힌 사람은 탈출구가 보이지 않는다. 수많은 벽들에 둘러 쌓여 있을 뿐이다. 우리가 미로속에 들어가 있다면 길을 헤매지 않고 찾을 수 있는 확률은 거의 희박하다. 우리가 미로 게임을 잘하는 것은 위에서 보고 있기 때문이다. 우리는 떨어져서 우리를 볼 때 훨씬 쉽게 길을 찾을 수 있다.

06

나만의 가치를
찾아 드러내야 한다

같은 직업도 나만의 가치에 따라 다르게 표현된다

나는 요리 프로그램을 시청하는 것을 좋아한다. 여러 요리 프로그램이 생기면서 스타셰프들이 탄생하게 되었다. 몇몇 셰프들은 연예인 못지 않은 인기를 누리고 있다. 재미있는 것은 그들이 모두 같은 직업을 가졌음에도 어떤 성향을 가지고 있는지, 어떤 요리를 추구하는지에 따라 그들만의 캐릭터가 완성된다는 것이다.

백종원은 대표적인 요리업계 유명인이다. 뿐만 아니라 예능에서의 활약도 크다. 연예인들이 선생님 또는 선배님이라 부를 정도다. 심지어 연말 예능 시상식에서는 그를 꾸준히 예능 부문 후보에 올리려고 한다. 본인이 한사코 거부했을 정도이다. 그는 자신을 셰프라는 말 대신 '대표님' 정도로 불러달라고 한다. 현재 식당을 운영하는 대신 외식 경영 전문가로 활동하고 있기 때문이다.

그는 고급음식점에서 코스로 나오는 음식보다, 길거리 음식이나 사람들에게 친숙한 대중음식을 좋아한다. 그가 운영하는 식당을 보면 그 음식의 성격을 그대로 알 수 있다. 새마을식당, 한신포차, 홍콩반점, 역전우동 등 그는 가성비 음식을 주로 다루는 체인점을 경영하고 있다.

그가 좋아하는 성향이 예능 프로그램에서도 그대로 드러난다. 고급 레스토랑의 자문을 해주는 것이 아닌 골목상권을 살릴 수 있는 로컬식당들에게 자문을 해준다. 다른 나라를 방문해 길거리 음식을 맛보고 그 느낌을 전달하기도 하고, 우리나라 농가를 살리기 위해 지역마다 다니며 요리를 선보여 판매가 일어날 수 있게 돕기도 한다.

최현석 셰프를 떠올리면 가장 먼저 떠오르는 장면이 있다. 소금을 한줌 쥔 손을 하늘 높이 들어 올려 공중에 뿌리듯 양념을 하는 것이다. 이 장면은 그의 트레이드 마크가 되었다. 그 장면으로 그는 '허셰프(허세+쉐프)'라는 별명을 얻게 되었다.

그러나 그의 경력과 실력은 결코 허세가 아니다. 그는 대표적인 국내

파 이탈리안과 분자요리 전문 셰프로 오로지 실력으로 인정받아 그 자리까지 올라갔다. 여러 셰프들과 함께 출연한 한 예능 프로그램에는 쟁쟁한 셰프들을 제치고 독보적인 분량을 확보했다.

멋있는 저음 보이스에 외모까지 더해져 이미 팬클럽이 형성될 정도의 인기를 누리고 있다.

같은 셰프라는 직업을 가져도 서로 다른 강점을 가지고 있다. 여기서 한 가지 알 수 있는 점이 있었다. 누군가 어떤 일을 뛰어나게 잘한다면, 그것은 단점을 고친 것보다 강점을 잘 활용했기 때문이다. 쓸 수 있는 내 에너지가 한정적이라면 실패하지 않기 위해 단점을 고치는 것보다 잘할 수 있는 일을 더 잘 살릴 수 있는 것이 더 나은 선택이다.

경험들을 연결하라

"나의 경험들을 연결하세요. (Connecting the dots)"

스티브 잡스가 2005년 스탠퍼드대학교 졸업식에 초대되어, 연설의 첫 마디로 했던 말로 유명하다. "오늘 저는 3가지 얘기를 하려 합니다. 하고 픈 첫 얘기는 점들을 연결하라는 것(connecting the dots)입니다."로 축사를 시작한다. 담담히 자신의 얘기를 들려준다.

"대학을 자퇴한 후 청강한 과목 중에 손글씨(calligraphy) 과목이 있었습니다. 그때 세리프(serif), 산세리프(san serif) 같은 서체를 알게 되었습니다. 아름다움에 매료됐습니다. 하지만 제 인생에 도움이 될 거라는 희망은 없었습니다."

전혀 관련이 없을 것 같았던 이 손글씨 강의가 10년 후 첫 매킨토시 컴퓨터를 만들면서 사용되었다. 여러 손글씨를 배웠던 경험을 통해 다양한 서체를 선택할 수 있고, 자간을 띄우고 맞출 수 있게 했다. 만일 잡스가 지금 당장 도움이 되지 않는 '손글씨 과목'을 수강하지 않았다면 우리는 지금 같은 아름다운 서체들을 선택할 수 있는 컴퓨터는 만나지 못했을지도 모른다. 그는 이 첫 에피소드를 맺으며 이렇게 말한다.

"우리는 현재의 사건들이 미래의 어떤 것으로 연결되어 있다는 믿음을 가져야만 합니다. 그것이 배짱이든, 운명이든, 삶 혹은 카르마든 말입니다."

친구들과 어렸을 때 종이와 펜만을 이용해 하던 놀이가 있었다. 종이 위에 여러 개의 점을 찍은 후 펜을 이용해 선을 그리고 선이 모여 면을 많이 만드는 사람이 이기는 놀이였다. 신기한 것은 점과 선만을 이용해 하는 게임인데 게임을 할 때마다 다른 형태가 그려진다는 것이었다. 이

게임에서 그려진 그림에는 옳고 그름이 없다. 서로 다름만이 있을 뿐이다.

인생을 살아오면서 전혀 다른 영역의 경험도 쓸데없는 짓은 없다. 그리고 그렇게 살아온 인생 하나하나가 특별하고 소중하다. 당시에는 쓸데없다고 비판을 받았던 것들이 후대에 와서는 그 지역의 랜드마크라고 불릴만큼 상징이 된 것들도 많다. 대표적인 것이 파리의 에펠탑이다. 에펠탑을 건축할 당시, 철골로 만들어진 한 번도 본 적 없는 괴이한 형태의 건축물을 두고 시민들과 예술가들 사이에 설치에 대한 극심한 반대가 있었다. 그러나 지금의 에펠탑은 파리의 상징이 되었다. 세계적으로 유명한 가우디 또한 대학생 때, 교수님들은 그의 재능을 못마땅해 했다고 한다. 지금까지 보지 못한 괴이한 건물을 그리고 있었으니 말이다. 그러나 가우디의 생각은 달랐다. 건축가는 자신의 성향을 그대로 건축에 표현되어야 한다고 생각했다. 그가 만약 기존의 건축양식만 따르는 모범생이었다면 가우디가 만들었던 지금의 아름다운 건축물들은 이 세상에 나오지 못했을 것이다.

내가 살아온 인생이 평범하다는 생각은 잠시 접어두자. 이 평범한 점들을 이어보면 나만의 유니크한 도형이 그려진다. 다른 사람의 것과 겹치고 싶어도 그렇게 되기 힘들만큼 무수히 많은 경우의 수를 가지고 있다.

나의 가치를 더해줄 핵심 가치관을 찾아라

우리들 중 그 누구도 모든 영역에 전지전능한 사람은 없다. 저마다 가진 장단점이 다르고 능력이 다르다. 이 능력은 자신이 가지고 있는 것들 중 잘하는 것일 수도 있고, 타인과 비교해서 상대적으로 우위에 있는 능력일 수 있다.

이 핵심 가치관은 나를 최고의 모습으로 이끌어줄 수 있는 나만의 강점이다. 굳이 다른 사람하고 비교해서 더 나은 강점이거나 글쓰기 능력, 수학 능력, 가르치는 능력 등의 기술을 말하는 것이 아니다. 여기서 말하는 핵심 가치관은 내가 말하고 행동하고 느끼는 것에 영향을 주는 나의 무의식 속 자연스럽게 하고 있는 행동을 찾는 것이다. 무슨 일을 할 때 '나답다'라고 느끼거나 자연스럽게 잘하는 일이 무엇인지 찾아보면 된다. 위에서 SWOT을 통해 강점을 구체적인 단어나 문장으로 표현했다면 여기서는 덜 구체적으로 적어도 좋다. '나는 착해.'라고 이야기하는 것보다 '나는 다른 사람들을 도와줄 때 행복해'라고 말이다.

가치관은 기술이 아니다. 나의 숨어 있는 핵심 가치관을 알면, 내가 해야 하는 행동들이 보다 더 명확하게 보인다.

나의 경우, '나는 다른 사람의 이야기를 진심으로 들어주고 이야기해서 해결점을 찾는 것을 좋아해'라는 가치관이 있었다. 나는 다른 사람의 이야기를 들을 때, 이것저것 지시하기보다 공감하고 질문을 해서 방향을 찾아나간다. 그리고 그 일을 했을 때 가장 보람되고 스스로가 자랑스럽게 느껴졌다.

07

무(無)에서 유(有)를
만들어내는 기술

남의 시선 의식하지 말고 일단 솔직하게 시작하라

어려서부터 나는 생각하고 무엇인가 쓰는 것을 좋아했다. 특히 수필을 쓰길 좋아했다. 글을 쓰면 내 생각이 정리되고, 고민이 희석되는 것이 느껴지곤 했다. 다른 사람들의 호응이라도 있으면 더 신이 나서 쓰곤 했다. 그러다가 미술을 전공으로 입시 준비를 하며 글쓰기와는 점차 멀어졌다.

그러다가 블로그를 접하고 다시 글을 쓰기 시작했다. 몇 년 만에 글을 써보니 처음에는 무슨 소재를 써야 할지, 이 소재를 어떻게 풀어나가야 할지 도무지 감이 잡히지 않았다. 블로그 한 페이지를 적을 뿐인데도 시간은 하루 종일이 걸렸다.

'옛날엔 잘 썼는데.'라는 생각 때문에 한 번에 멋있는 문장이 써질 것이라는 기대를 버리고 가볍게 쓰기 시작해야 한다. 남들이 보는 SNS라는 생각에 다른 사람들의 시선을 의식하거나 잘 보이려는 마음에 오히려 글을 쓰는 것이 어려워질 수 있다.

어렸을 때 내가 글을 쓰는 것을 좋아했을 때를 생각해보면, 내 감정도 치유해줄 뿐만 아니라 무의식에서 꺼내진 결과물들로 볼 수 있었기 때문이었던 것 같았다. 그리곤 바로 글쓰기가 좋아했던 그때의 기억을 떠올리며 가볍게 글을 쓰기 시작했다. 내 주변의 이야기부터 시작해서 좋아하는 것들까지 쭉 적었다. 네이버 블로그를 상위노출하고 SEO 가이드를 따르는 등등 모두를 무시하고 좋아하는 글을 썼다. 사람들의 반응이 있는 글들을 보면 내가 솔직하게 경험담을 공유했을 때의 글들이 많았다.

머릿속에 떠다니는 글들은 단어와 형상으로 존재한다. 그것들을 모조리 글로 풀어내야 비로소 세상에 존재하는 글로 탄생할 수 있다. 고인 물은 썩기 마련이다. 빠르게 흘러야 맑은 물을 유지할 수 있다. 처음 쓰기 시작할 때 매일 쓰는 것을 추천하는 이유는 가볍게라도 매일 쓰기 시작하면 물 흐르듯 자연스럽게 글을 쓰고 있는 나를 발견할 수 있기 때문이다.

세상에는 글을 써서 공유하는 SNS가 많다. 그러나 나는 첫 시작은 블로그를 추천한다. 브런치의 경우 신청을 해서 뽑혀야 하기 때문에 첫 시작은 블로그로 하는 것이 좋다. 블로그로 글 쓰는 것이 익숙해진다면 브런치에 도전을 해봐도 좋다. 내가 제휴마케팅에 자신이 있다면 티스토리 블로그나 페이스북으로 넘어갈 수도 있다.

글을 쓸 때 SNS를 이용하면 좋은 점은 나 혼자 쓰는 글이 아니라는 것이다. 사람들과 소통하며 자신의 글을 점검받을 수 있다. 또 사람들의 반응도를 보고 내 글을 어떤 방향으로 써야 하는지도 배울 수 있다. 또한 지루하지 않고 재밌게 써나갈 수 있다. SNS에 올라오는 콘텐츠에 사람들이 즉각 반응을 보여주기 때문이다.

내 일상이 콘텐츠의 소재가 된다

매일 블로그에 포스팅을 하고 있던 어느 날이었다. 아이들과 놀아주고 있는데, 아이들의 장난이 심해지는 순간이었다. 예전의 나 같았으면 당장 화를 냈을 법한 상황에서 놀랍게도 나는 '이 에피소드를 내일 블로그 주제로 써야지.'라는 생각을 하고 있었다. 평소 같았으면 그냥 지나칠 일에 대해 의미부여를 하고 글을 씀으로써 육아 스트레스를 해소하고 있는 것이었다.

매일 블로그에 포스팅을 하다 보면 글을 쓸 소재를 주변에서 찾을 수밖에 없다. 블로그나 유튜브에 올라오는 콘텐츠를 보면 별의별 이야기가 다 올라온다. 평범한 일상을 찍어놓은 브이로그로 영상을 올리는 사람도 있다. 얼굴도 노출되지 않고 평범한 일상을 찍어놓은 영상이다. '누가 이런 콘텐츠를 볼까?' 싶은 것도 조회 수가 몇만을 넘어섰다. 살림하는 비법에 대해 공유해 놓은 콘텐츠도 있다.

좋아하는 일로 콘텐츠를 올렸을 뿐인데, 수입이 생기고 직업으로 삼은 사람들도 많다. 평범한 주부 L은 똑소리나는 살림꾼이다. 제주도에 살며 두 아이를 키우는 그녀는 집안 살림을 하는 법부터 육아하며 미니멀리스트로 사는 방법 등을 블로그에 포스팅했다. 육아하며 그득그득 쌓이는 물건들이 처리가 안 되는 사람들에게 정리하는 방법을 알려주기도 했다.

그리고 어느 날, 마을에서 키운 감귤과 천혜향등을 블로그에 포스팅을 했더니 사람들이 구매하고 싶다며 댓글을 남겼다. 몇몇 사람들에게 판매했더니 금방 입소문이 나서 점차 많이 팔리기 시작했다.

그 일 이후 그녀는, 정리 컨설턴트이자 스마트스토어에 감귤을 올려 판매하는 온라인스토어의 사장이 되었다. 집에서 아이들만 케어하느라 직업을 갖는다는 것은 꿈도 꾸지 못한 그녀의 대변신을 보고 주변에서는 많이 놀랐다고 한다. 그러나 그녀가 이야기하는 가장 좋은 점은 바로 자기 자신에 대한 자신감이 생기고 일상생활에 재미가 생겼다는 점이라고 이야기했다.

내가 생각할 때 보잘 것 없고 평범해도 콘텐츠의 소재이다. 누가 그것을 콘텐츠로 올리는지의 차이일 뿐이다. 처음 시작은 미약해도 계속 올리다 보면 그 경험도 그 사람만의 경력이 된다.

꾸준한 루틴, 꾸준한 업그레이드

콘텐츠를 매일매일 또는 정기적으로 업로드하기 힘든 순간이 한 번쯤은 있다. 누구에게나 올 수 있는 디지털 권태기이다. 업로드한 콘텐츠가 계속 반응이 없거나, 너무 나를 포장하려다가 빨리 지치게 되는 경우도 있지만 꾸준히 해왔던 사람들에게도 찾아올 수 있다.

운동선수들은 한 경기를 뛰기 위해 똑같은 훈련을 반복한다고 한다. 우리나라 양궁 선수들은 세계에서 최강이라고 불린다. 양궁을 할 때 매 순간 같은 컨디션일 수는 없다. 어느 순간 바람의 방향이 바뀔 수도, 바람의 세기가 바뀔 수도 있는 것이 양궁이다. 부담감은 또 어떤가. 옆 팀에서 10점을 연달아 쏘고 있는데 태연하게 활을 쏠 수 있어야 비로소 10

점을 맞힐 수 있다. 그 순간을 위해 선수들은 매일 한결같이 똑같은 훈련을 반복한다. 지루할 만큼 반복된 시간이 시합에서 결과를 만들어 낼 수 있다.

야구 선수 이치로의 경우도 한결같은 루틴을 반복하기로 유명하다. 야구 이외에 모든 것에 지루할법한 루틴을 반복해 왔다. 술과 담배를 안하는 것은 물론이고 심지어는 매일 시합 전에는 아내가 해준 카레를 먹고, 맞춤 습도 조절기에 배트를 넣어 가지고 다닌다. 오프시즌에도 매일 하루도 빼놓지 않고 똑같은 루틴으로 연습한다. 그 과정을 이겨내야 비로소 자신만의 특별함을 갖춘 선수가 되는 것이다.

혼자서 하는 것이 어렵다면 같은 목표를 가진 그룹에 들어가는 것도 좋은 방법이다. 다른 사람들과 함께하면 여러 장점이 있다. 옆에서 모두 하고 있으면 나도 저절로 하게 된다. 다른 사람의 콘텐츠를 보고 내 것도 업그레이드를 시킬 수 있다.

'구슬도 꿰어야 보배'라는 속담이 있다. 꿰어야 가치가 있어진다는 뜻도 되겠지만, 어떤 모양으로 꿰는지에 따라서도 완성품의 모양은 완전히 달라진다는 의미도 된다. 또한 상품으로서의 가치를 지니게 된다. 우리가 셀프 브랜딩을 하는 것은 모두 빌 게이츠나 일론 머스크가 되기 위해

하는 것이 아니다. 자존감이 떨어진 상태를 경험해 본 내가 나답게 살고 일하기 위해 공부한 것이다. 평범하다고 생각하는 '나'를 제대로 알아가고 한 분야의 전문가로 만드는 과정을 만들어가는 것이다.

08

결국 나의 정체성을
알아가는 일이다

진짜 나로 산다는 것

봉준호 감독이 2019년 아카데미 시상식에서 마틴 스콜세지 감독의 말을 인용하여 남긴 말이 있다. "가장 개인적인 것이 가장 창의적인 것이다." 당연한 말인데 실행하기는 어려운 말이다.

이 말대로 하려면 먼저 '나다운 것'이 무엇인지 알아내는 것이 선행되어야 한다.

'나는 누구인가?'

그래서 또 이 질문이다.

지금까지 언급한 여러 접근법과 분석을 통해 내 안의 나와 만나 보았을 것이다. 아마도 여러 명과 만났을지도 모르겠다. 내 안의 여러 명의 나는 나의 본래 모습도 있지만 다른 사람들의 기준에 의해 만들어진 모습이 있을 것이다. 내 안의 나를 정리해야 하는 이유이다.

셀프 브랜딩을 한다는 것은 결국 나 자신을 알고, 발견하며 '진정한 나'로서 인생의 주체가 되어간다는 것이다. 이것이 성공적인 퍼스널 브랜드를 위해 이루어져야 할 가장 기본이자 핵심이다.

비울수록 채워지는 마법

아이를 낳기 전에 골프를 잠깐 배웠던 적이 있었다. 선생님은 자꾸 힘을 빼라는 말씀을 하셨다. 공을 있는 힘껏 내리쳐도 모자랄 판에 힘을 빼라고? 보통 처음 운동을 시작하면 힘을 빼라는 말을 많이 듣는다. 처음에는 그 말이 이해가 되지 않았다. 그러나 온몸에 힘이 들어가면 오히려 뻣뻣해져 움직임이 부자연스럽다. 처음에는 의도하지 않아도 온몸에 잔뜩 긴장이 들어가 있다. 그러나 시간이 지나면서 자연스럽게 힘을 빼는 방법을 배우게 된다. 신기하게도 몸에 힘이 빠지는 순간 공은 더 정확한 방향으로 멀리 나가게 된다.

셀프 브랜딩을 할 때도 마찬가지다. 스스로를 너무 포장하려 하거나 힘을 주지 않고 나를 있는 그대로 인정하고 수용해야 한다. 모든 일을 내가 통제할 수는 없다. 오히려 자신의 현재 상태를 인정하고 날마다 조금씩 노력하는 것이 더 좋은 결과를 가지고 온다.

나를 비울 수 있는 방법은 다른 사람들의 피드백을 무서워하지 말고, 발전할 부분이 있다는 하나의 의견으로 받아들이는 것이다. 다른 사람들의 피드백이 무서운 이유는 나의 결과물을 지적받는 느낌이 들어서일 것이다. 설사 부정적인 피드백이 오더라도 하나의 의견으로 받아들이면 오히려 배울 점을 찾을 수 있다. 부정적인 피드백을 받았을 때는 그 부분을 보완하면 성공한다고 바꾸어 생각해보자. 자존심을 내세워 받아들이지 않는다면 자신만 손해다.

내가 공부를 많이 한 전문가라고 해서 완벽한 지식을 가지고 있다는 착각은 내려놓아야 한다. 내가 알고 있는 지식은 바닷가 모래의 한줌도 되지 않는다. 끝없이 배우고 보완해나가야 한다.

인간의 본질에 가까워질수록 행복해진다

인간의 본질은 자아 정체성을 가지고 독립을 하는 것이다. 아리스토텔레스는 '인간은 사회적인 동물'이라고 했다. 인간은 개인으로 존재하고 혼자서 살 수 없다는 뜻이다. 끊임없이 상호작용을 통해 관계를 맺고 자신의 존재를 확인한다. 나에 대한 정체성이 확립되었다면 사회적인 교류를 통해 더 확장해야 한다.

여기서 한 가지 생각해봐야 할 것이 있다. 본질을 추구하기 위해 사회적인 활동을 하는 것인데, 사회적인 활동은 무엇을 말하는 것인가?

『90년대생이 온다』에서 90년대생이 공무원 준비를 많이 하는 이유에 대해 읽은 적이 있다. 이제 보통의 직장의 경우 개인의 미래를 책임져주지 않기 때문에 안전한 직장을 찾아가는 것이라고 했다. 비슷하게 지금 아이들에게 장래희망을 물으면 아이돌이나 유튜버를 이야기하는 아이들이 있다. 모두 그런 것은 아니지만 그중 몇몇은 그 이유에 대해 '돈을 많이 벌어서'라고 이야기한다.

생각해보면 학창시절에도 그랬던 것 같다. 공부를 좀 한다 싶던 학생들은 치의대, 법대를 목표로 하는지 안 하는지에 기준을 둔 적도 있었다. 그때는 그러려니 했던 이야기가 지금은 좀 씁쓸하다.

대학교수이자 작가인 찰스 핸디는『코끼리와 벼룩』에서 개인을 책임져주지 않는 코끼리 같은 직장에서 나와 자신의 신념을 가진 벼룩으로 살아가는 시대를 이야기한다. 벼룩으로 사는 시대에는 직장명보다는 개인의 가치관을 통해 쌓인 포트폴리오와 프리랜서 경력이 존재한다는 것이다.

텔레비전에는 맛있는 식당을 소개해주는 프로그램이 많다. 몇몇 식당에서는 홍보수단으로 자신의 가게를 텔레비전에 노출시키기 위해 출연료를 프로그램에 지급하고 출연하는 경우가 있다. 프로그램에서 노출이 되면 첫 몇 달은 장사가 잘될 수 있다. 그런데 사람들이 실제 맛을 보고 평가가 좋지 못하다면? 오히려 맛이 없다는 입소문이 나서 프로그램 노출 효과가 뚝 떨어지고 만다. 마찬가지로 정말 인기 있는 식당이 프로그램에 노출된 후, 그 식당만의 본질이 흐려지는 경우가 많다. '손님이 많으니 이번 한 번은 그냥 대충 해도 되겠지.'라는 생각에 멈춰버리면 나중에 제자리로 돌아가려고 할 때는 이미 늦을 경우가 많다.

우리의 직업에 대한 본질은 '안전한 철밥통의 직업을 가지는 것'이 아니다. 행복을 위해 '어떤 직업'을 선택하는 것이다. 개인이나 기업이나 원하는 것은 지속이 가능한 경영이다. 아이러니하게도 본질을 정확히 찾고 그것을 일관성있게 지속적으로 유지해야 오래도록 유지할 수 있게 된다.

자아 정체성을 넘어 온라인 정체성으로

셀프 브랜딩을 통해 자아정체성이 확립되었다면 디지털 세상을 위한 온라인 정체성으로 넘어가야 한다.

찰스 호튼 쿨리에 따르면 "자아와 사회는 쌍둥이이다."라고 했다. 나의 정체성을 가지고 사회활동을 하고, 그것에 의해 성장한다고 설명했다. 자신의 본질을 추구하는 정체성을 확립하고 디지털 세상에서 활동하며 자아를 성장시켜야 한다. 자아는 우선적으로 개인적인 것이 아니라 사회적인 것이다. 왜냐하면 '너'와의 상관적 의미가 없이 '나'에 대한 의미는 있을 수 없기 때문이다. 이러한 타인의 의견에 대한 반응의 결과로서 '반사적으로' 발생하는 '사회적 자아'를 '자아'의 일부라고 설명하고 있다. 우리가 사회적인 활동을 통해 자아를 확장시키는 것이다.

그렇다면 왜 온라인 정체성인가? 우리는 핸드폰으로 맞춰진 알람을 듣고 일어나 인터넷으로 뉴스와 기상을 확인하고, SNS로 자신의 일상을 올리고 사람들과 소통한다. 이렇게 인터넷은 우리 생활 깊숙이 들어와 있다. 이 인터넷으로 소통하는 사람들은 평소 알고 지낸 지인들도 있지만 인터넷상에서 친해진 이웃도 있다.

오프라인의 삶이 있는가 하면 온라인에서의 삶도 존재하는 세상이 되었다. 또 코로나로 등교가 어려워지고 재택근무가 활성화되고 문화생활에 제약이 생기자, 오프라인으로 모여야 할 사람들이 온라인으로 모이기 시작했다. 팬데믹에서는 보통 인터넷 영상회의를 통해 모였다면 앞으로는 메타버스라는 공간에서 모일 것이다.

지식백과에 따르면 메타버스란 현실 세계와 같은 사회 · 경제 · 문화 활동이 이루어지는 3차원의 가상세계를 일컫는 말이다. 재미있게도 이미 1992년 미국 SF작가 닐 스티븐슨의 소설에 처음 등장했다고 한다. 단지 아바타를 활용해 게임을 하거나 오락을 즐기는 것이 아닌 현실에서와 같이 사회, 문화적 활동을 할 수 있다는 것이 특징이다.

3장

진짜 브랜딩에 빠지다

나에게 맞는 콘텐츠 찾기

스스로에게서 외면당한 것들은
현실에서 의미 있는 사건들로 그 존재가 드러난다.

- 칼 융 -

01

나에게 맞는
콘텐츠(상품)를 찾는 법

콘텐츠를 찾기 전에 자아정체성을 찾아야 하는 이유

내 이름으로 혹은 브랜드로 어떤 상품을 팔 수 있을까? 세상에는 수많은 상품들이 존재한다. 통계청에 따르면 2021년 기준 우리나라에 등록된 제조공장의 수는 무려 19만 7천개에 달한다. 하나의 공장에서 여러 가지의 제품을 만들어낸다고 생각해보면, 우리는 상품 과잉시대에 살고 있는 것이다. 그뿐인가? 인터넷 시대가 열리면서 1분 동안에도 수많은 정보들이 쏟아져 나온다. 이렇게 많은 상품들과 정보들 사이에 내가 팔 수 있는 것은 무엇일까?

상품이란 시장에서 판매자와 소비자 사이에 거래가 되는 것이다. 상품은 소비자가 돈을 지불하고 구입하고자 할 때, 가치를 얻게 되는 것을 의미한다. 본래의 상품의 정의 안에 유무형의 것을 모두 포함한다. 하지만 여기에서는 유형의 상품은 상품이라 하고, 무형의 상품은 콘텐츠라고 하겠다.

상품의 가치는 세상에 나왔을 때 소비자로 하여금 매력을 느끼고 구매가 일어나야 비로소 인정된다. 흔히 상품들 출시했을 때, 상품의 장점을 매력적으로 어필시키기 위해 인기 있는 연예인들을 거금의 돈을 투자해 광고모델로 계약을 하고, 인플루언서 섭외에 열을 올리는 것이 이 때문이다.

그러나 지금은 인기 있는 연예인을 모델로 내세워 광고를 돌리는 것도 평범한 시대가 되었다. 오히려 연예인들의 광고보다 인플루언서들이 '인생아이템'이라고 소개하는 상품들이 더 효과가 있다. 그마저도 하나의 광고가 된 요즘에는 오히려 평범한 사람들의 입소문이나 후기가 더 효과적인 시대가 되었다.

내가 온라인에서 어떤 상품을 구입하고 있는지를 살펴보면 보다 명확히 알 수 있다. 상품 검색을 한 후, 검색된 여러 개의 상품 중에서 내가 선택한 상품에 별점이나 리뷰가 하나도 없는 상품을 선택하는가?

돈을 들여 콘셉트로 포장한 '광고'보다 진실된 '말'의 힘이 세졌다. '말'

의 힘이 강해지기 위해서는 말을 한 사람의 신뢰 형성이 무엇보다도 중요하다. 위에서 먼저 셀프 브랜딩을 통해 자아 정체성을 알아보는 작업이 선행된 이유이다.

나에게 맞는 콘텐츠(상품)를 찾아라

① 내가 가진 재능 찾기

누구에게나 재능이 있다. 그 재능을 찾아내는 방법은 크게 2가지로 나뉜다. 첫 번째 방법은 스스로 좋아하고 잘하는 것을 잘 알아서 재능 있는 분야를 발견하고 발전시키는 방법이다. 이 경우, 스스로 여러 경험을 통해 재능을 발견한 경우가 많다. 재미가 있어 보여서 연극반에 들어갔다가 재능을 발견한 사람들이 연예인을 지망한다든지, 미술학원에 다니며 재능을 발견해 미술을 전공으로 한다든지 하는 경우이다.

다른 한 가지는 자신의 재능을 파악해주는 주변 사람을 만나는 것이다. 부모님이나 선생님, 친구와 같은 사람들이 제삼자의 눈으로 보았을 때 보이는 나의 강점이 재능이 될 수도 있다.

그러나 이 재능은 꼭 어디 대회에 나가서 상을 받아야 한다거나 그 분야에서 뛰어난 성적을 가져야 한다는 것을 뜻하는 것은 아니다. 식당 안에서도 요리를 잘하는 사람, 서빙을 잘하는 사람 총괄 매니저 역할을 잘하는 사람 등으로 나뉘게 된다. 여러 역할마다 필요한 재능은 다르다. 내가 잘하는 재능이 적은 부분이어도 충분히 가능하다.

② 내가 좋아하는 것 찾기

내가 잘하는 것과 좋아하는 것이 겹치기도 하지만 그렇지 못한 경우가 있다. 요리하는 것을 좋아하지만 맛이 좋지 않은 경우가 있을 수 있다는 것이다. 그런가 하면 내가 좋아하는 것이 무엇인지 잘 모르는 사람도 있다. 내가 그랬다. 이럴 경우 좋아하지 않는 것을 금방 떠올릴 수 있다. 좋아하지 않는 것을 제외해본 후, 어떤 아이템에 눈을 돌려보자. 좋고 싫음을 금방 파악할 수 있다. 또 한 가지 방법은 내가 많이 구매하는 것을 살펴보는 것이다. 다른 말로 내가 '덕질'하는 것이 있는지 살펴보면 답이 나올 수 있다.

③ 트렌드에 맞는가?

정보가 넘쳐나고 상품이 넘쳐나는 지금, 사람들의 니즈는 더욱 구체화되고 세분화되었다. 꼭 대중들에게 인기가 많은 것을 선택하지 않아도 된다는 뜻이다. 나는 트렌드에 맞는 아이템을 찾기보다, 좋아하고 잘할 수 있는 아이템을 가지고 트렌디한 매체를 이용하라고 이야기하고 싶다. 콘텐츠(상품)를 생산한다는 것은 세상과의 소통을 위한 것이기 때문이다. 내가 좋아하고 잘하는 콘텐츠(상품)를 찾았는데 그것을 전봇대에 붙이는 것은 효과적인 노출이 될 수 없다.

내 경험을 나눌 수 있는 콘텐츠(상품)인가?

백화점에 가서 쇼핑을 하다가 마음에 드는 물건이 있어 매장 안으로 들어갔다. 그 물건에 대해 직원에게 물어보았을 때 직원의 태도가 잘 모르는 듯 쭈뼛쭈뼛 한다면, 물건을 살 마음이 들까? 답은 아니오이다. 내가 직장생활에서 가장 공을 들였던 것 중 하나는 매장 직원분들에게 브랜드에 대한 교육을 하고 상품의 이해도를 높이는 것이었다. 매장 직원은 브랜드를 대신해 고객과 직접 만나 상품에 대해 전문적으로 설명함으로써 고객에게 신뢰감을 형성할 수 있기 때문이다.

내가 콘텐츠(상품)를 선택했다면 거기에 대한 충분한 지식과 경험을 해봐야 한다. 명품 브랜드의 상품들은 동전지갑조차도 선뜻 구매할 수 없을 만큼 가격이 비싸다. 이런 상품을 처음 접하는 고객들에게 소개할 때 "동전지갑입니다."라고 말한다면 사람들은 그 매장을 빠져나올 것이다.

반면에 이 지갑에 대해서 이탈리아 양가죽을 이용해서 어떻게 염색을 하고 디자인을 했는지 자세하게 이야기하면 고객들은 귀를 기울일 수밖에 없다. 내가 이 동전지갑을 사는 것은 그 스토리를 사는 것과 같기 때문이다. 거기에 동전지갑을 넣고 다닐 수 있는 컬러도 어울리는 핸드백을 코디해주며 브랜드에 대한 이야기를 하면, 동전지갑만 사러 들어왔다가 더 큰 핸드백을 사는 경우도 있다.

내가 재미있게 하는 이야기와 지루하게 하는 이야기는 나도 그렇고 상대방으로 하여금 같은 감정을 느끼게 한다. 심지어 서로 다른 공간에 있더라도 사진이나 글을 통해서도 고스란히 느껴진다. 내가 재미있고도 잘하는 콘텐츠(상품)로 시작해야 하는 이유이다.

관점을 새롭게 해도 콘텐츠(상품)가 보인다

우리는 다 동일한 경험을 하는 것 같이 보이지만 그렇지 않다. 동일한 것을 보는데 대부분은 서로 다른 관점에서 본다. 심지어 관심이 없는 대상은 지나쳐버린다. 소수의 사람들이 평범한 일상에서 특별한 관점으로 새로운 것을 제시하곤 한다.

프랑스의 화가인 모리드 드니(Maurice Denis)는 "역사상 유명한 사과가 셋 있는데, 첫째가 이브의 사과이고, 둘째가 뉴턴의 사과이며, 셋째가 세잔의 사과이다."라고 말했다. 아이작 뉴턴은 만유인력의 법칙을 처음 알아낸 과학자이다.

고향 집 앞뜰에 있는 사과나무 아래에서 졸고 있던 뉴턴은 사과가 자신의 머리 위로 떨어지는 것을 보고, 왜 사과는 위나 옆이 아니라 아래로 떨어지는지 궁금함을 가지게 되었다. 그 후 그는 아래로 떨어지게 만드는 힘에 대해 연구해 중력의 작용 때문이라는 것을 알아내게 되었다.

폴 세잔은 프랑스의 화가로 학창시절 친구인 에밀 졸라가 학교에서 놀림을 받던 것을 도와주고, 그에게 고마움의 표시로 사과를 받았다고 한다. 그것이 인연이 되어 세잔의 그림에는 사과가 많이 등장하는 것을 볼 수 있다. 세잔이 그린 사과 정물화는 '다중 시점'이 적용되어 다소 불안해 보인다. 그의 정물화는 피카소를 포함한 현대 화가들에게 큰 영향을 주었다.

'사과'라는 평범한 소재를 가지고 위 두 사람이 전혀 다른 결과를 만들어냈고, 후대에 큰 영향을 주었다. 흔하디 흔한 사과를 두고 '관점'만 다르게 했을 뿐인데 이 세상에 없던 이론을 만들어낸 것이다.

때로는 내 안의 고정관념이 본질을 가린다. 고정관념은 우리의 생각을 내 생각의 패턴으로 끌고 가며 '옳은' 생각이라 규정하곤 한다. 아이들의 머리에서 어른들이 상상할 수 없었던 말들이 나오는 것도 이 때문이다. 때로는 모르는 것이 더 창의적인 아이디어를 떠올리는 데 도움이 될지도 모른다.

아직도 내 인생에서 특별한 일이 일어나길 기다리고 있는가? 내 안의 고정관념을 가리고 처음 접하는 마음으로 세상을 바라보자. 평소 무심히 지나쳤던 것들에서 새로운 아이디어가 쏟아질지도 모른다.

02

소비자의 입장으로
접근하라

누구를 위한 상품인가?

마케팅의 대가 세스 고딘은 『마케팅』에서 고객의 정의에 대해 이렇게 말하고 있다. 나의 고객은 '최소 유효 청중'이다. 쉽게 말해서 나의 상품(콘텐츠)이 필요로 하는 사람들이 바로 내 고객이다.

우리가 만들어낸 상품은 '내 상품은 이렇다'라고 이야기했을 때 공감이 생기고, 가치롭다고 판단한 사람들로 하여금 구매가 일어난다. 소비자로 하여금 가치를 느끼게 하는 것은 고객의 욕구를 채워주거나 불편함을 해결해주는 것으로부터 시작한다.

고객의 욕구는 2가지로 나뉜다. 니즈와 원츠이다. 니즈란 생리적인 부분부터 사회적, 개인적, 문화적으로 인간이 느끼는 '필요한' 것이다. 반면 '원츠'는 '니즈'를 채우기 위해 원하는 감정이다.

우리는 각기 다른 환경 속에서 다른 경험을 하면서 자랐다. 상품과잉 시대인 지금, 사람들의 라이프 스타일이 다양해졌다. 그만큼 사람들의 욕구와 불편은 훨씬 더 복잡해지고 섬세해졌다. 따라서 '누구'가 구체적이고 정확하게 정해질수록 그들에게 맞는 욕구를 채우거나 불편을 해결할 수 있는 상품이 탄생할 수 있다.

옛날에는 배를 곯지 않는 것만으로도 욕구가 충족되는 시대였다. 점점 먹거리가 다양하게 많아지면서 식문화가 발전하기 시작했고, 스타 셰프들이 탄생했다. 그냥 흰쌀밥만 가지고는 사람들의 욕구를 채워줄 수 있는 시대가 아닌 것이다.

그렇다고 해서 '누구를 위한 것인가?'에 대한 답은 멀리 있는 것이 아니다. 소비자를 '나'로 설정할 수도 있다. 마켓컬리의 김슬아 대표는 직장생활을 하는 여성이었다. 그녀는 마켓컬리를 만들기 전부터 우리나라 로컬에 있는 건강한 지역특산물을 주문해 먹었다고 한다. 그리고 직장생활을 하기 때문에 온라인으로 장을 봐도 집에서 받아줄 사람이 없어 항상 집에서 상품을 받을 수 있는 시간대인 새벽을 이용하여 '새벽 배송' 시스템을 만들었다. 자신의 욕구와 니즈를 충족시키니 이 세상에 처음 선보이는 서비스가 탄생한 것이다.

무엇을 해결할 수 있을까?

결국 상품은 시장에서 구매가 일어나야 그 가치가 있다. 다른 말로 바꾸면 구매하는 사람들로 하여금 그 상품이 지닌 가치를 느끼게 만들어야 한다는 것이다. 따라서 '누구'를 위한 상품인지를 정했다면, 그들의 '무엇을'해결해 줄 수 있는지 고민해봐야 하는 시간이다.

세계적으로 유명한 브랜드도 신상품을 내놓고, 얼마나 혁신적으로 개발해 고객의 니즈를 충족시켜 줄 수 있는지 발표한다. 패션 브랜드들은 새로운 콘셉트를 가지고 눈이 번쩍 뜨일 만큼 화려한 패션쇼로 새로운 시즌의 시작을 알린다.

소비자가 대기업의 유명한 상품이 아닌 개인이나 소규모의 브랜드의 상품을 구매하는 데는 그만한 이유가 있어야 한다. 대기업이 내놓는 대중적으로 흔한 상품을 아무런 경쟁력 없이 내놓으면 팔릴 것이라는 기대는 너무 위험하다.

『타이탄의 지혜들』(데이비드 M. 루벤스타인)에 아마존의 성장 과정이 자세하게 나와 있다. 지금은 거대 공룡이 된 아마존도 처음에는 온라인

서점으로 시작하였다. 제프 베조스는 1994년 인터넷으로 책을 판매하는 아이디어를 내서 아마존을 만들었다. 당시만 해도 인터넷으로 책을 파는 곳은 아마존이 유일하지 않았다. 그러나 인터넷에 대해 아는 사람들은 거의 없었다. 극소수만이 인터넷의 가치를 알았다고 한다.

월마트에 비해 구멍가게 수준의 규모였던 아마존은 처음부터 모든 물건을 인터넷으로 팔지 않았다. 첫 이념은 '모든 책을 찾아볼 수 있게 하는 것'이었다. 책 다음으로는 음악을, 그다음으로는 동영상을 팔기 시작했다. 그 후 고객들을 대상으로 "현재 아마존에서 판매하고 있는 상품들 외에 구매하고 싶은 다른 상품은 무엇입니까?"라고 설문 조사를 했다.

돌아온 답변들을 보면 자동차 와이퍼 등 그야말로 '생각나는 대로' 적은 답변들이었다. 그 설문 조사 이후 전자제품과 완구를 팔기 시작해 카테고리를 하나씩 늘려나갔고 지금의 아마존이 되었다.

2015년 조제 알도와 코너 맥그리거의 경기는 지금까지도 유명하다. 이 경기를 시작하기 전에 모두 맥그리거가 알도에게 질 것이라고 예측했다. 그러나 결과는 달랐다. 1분 13초 만에 조제 알도를 KO시켜버렸다. 경기 후 인터뷰에서 맥그리거는 이렇게 이야기 했다고 한다.

"정확도가 파워를 이기고, 타이밍이 스피드를 이긴다."

이 말은 자신의 장점을 정확하게 파악하고 있었고, 자신만의 강점으로 이길 수 있다는 것을 분명하게 보여주는 말이다.

나의 불편함을 해결하는 데서 출발한다

나는 처음부터 셀프 브랜딩을 했던 것은 아니었다. 처음에는 부업을 시작해야겠다는 마음에 오픈마켓에서 위탁판매로 상품을 올려 팔았다. 그리고 제조 공장들을 알아내 상품 소싱을 했었다. 추상적으로 언젠가는 '내 상품'을 만들어 판매해야겠다는 생각만 했을 뿐 아무런 아이디어도 가지고 있지 않았다.

어느 인터넷 강의에서 "기업은 누군가의 불편함을 해결해주기 위해 존재한다."고 이야기하는 것을 접했다. 그리고 그때부터 누군가의 불편함을 찾기 위해 주위를 두리번거렸다. 아무리 둘러보아도 어떻게 불편함을 찾아야 하는지조차 떠오르지 않았다. 오히려 찾아야만 한다는 강박에 눌려 상품만 보면 끼워 맞추기 식으로 생각하고 있었다.

위의 과정을 과감하게 지우고 마음을 비웠다. 그리고 내 안의 자아상을 꺼내보기 시작했다. '나만 할 수 있는 특별함'을 찾고 '나만 해낼 수 있는 가치' 즉 존재의 이유를 찾고 싶었다. 그렇게 셀프 브랜딩을 하게 되었다. 그리고 내 안의 작고 나약했던 '온실 속의 화초'를 찾아내었다. 그 '온실 속의 화초'를 강하고 튼튼하게 키워보고 싶은 마음이 생겼다. 상담도 받고 강의를 듣고, 나 스스로 끝없는 정리를 했다. 그리고 5년 전의 내 모습보다 자존감이 단단해진 것을 느낄 수 있었다. 아무것도 할 수 없다고 생각하며 주위에 기대했던 부정적인 가치관들이 많이 없어진 것을 느낄 수 있었다.

만약 당신이 어려움을 겪고 있는 어떤 문제를 해결해낸 적이 있다면, 이것만으로도 소비자와 어떤 불편함을 어떻게 해결해야 하는지에 대한 답이 나온 것이다. 나의 경우, 이 세상의 '5년 전의 나'를 대상으로 마음의 근육을 키우고 경제적인 독립을 할 수 있게 돕는 것으로부터 시작하기로 했다. 여기까지 정리가 되었다면 유형의 상품으로 개발할 것인지 무형의 콘텐츠로 만들어 낼 것인지를 결정하면 된다. 분명 내가 했던 경험으로 도움을 받을 수 있는 사람들이 있을 수 있기 때문이다.

03

잘 팔리는 상품을
기획하는 원칙

잘 될 놈은 떡잎부터 푸르다

철학자이자 노벨문학상 수상자인 버트런드 러셀은 "무엇인가 공부하
거나 어떤 철학을 고찰할 때는 오로지 사실이 무엇인지, 그 사실이 뒷받
침하는 진실이 무엇인지만을 스스로에게 물어보라. 당신이 믿고 싶은 것
또는 만일 그것을 믿는다면 사회에 유익한 영향을 미칠 것이라고 생각하
는 것 때문에 주의를 다른 곳으로 돌리지 말라. 오직 사실이 무엇인지 그
것만 바라보라."라고 했다.

세상은 냉혹하다. 솔직히 말하면 처음 출시하는 상품이 시장의 호응을

얻어서 처음부터 매출이 나는 경우는 드물다. 더 직설적으로 말하면 대부분의 신제품들은 실패한다. 하지만 생산자인 내가 만든 상품은 마치 내 자식같이 느껴진다. 누구에게나 환영받고 싶고 사랑받고 싶다. 비판은 전혀 예상하지 못한다. 내 상품의 보완점보다는 사람들이 내 상품의 가치를 몰라주는 것 같아 야속하다.

화장품 제조 공장을 운영 중인 K대표님은 의사이다. 평일에는 병원에서 진료를 보다가 주말이 되면 공장으로 내려가 제품을 연구하고 생산한다. 처음 그 공장을 방문하기 전만 해도 기대에 부풀어 있었다. '의사선생님'이라는 선입견에 그만한 제품이 기다리고 있을 것이라 생각했기 때문이다. K대표님은 잣나무를 재료로 이용해 상품을 만들어 판매하려는 계획을 가지고 있었다. 그 지역의 잣나무를 보고 한눈에 반해 땅을 매입하셨다고 했다.

잣나무로 만들어진 상품의 이름에는 한국을 뜻하는 K가 붙어 있었다. 한참 K-Pop과 K-Beauty 등이 유행하던 시기였다. 이것을 보고 글자 앞에 'K'를 붙이면 되겠다는 아이디어였다. 야심 차게 만든 상품들이 코로나로 인해 오프라인 유통도 막히고 온라인에서는 호응이 없다고 속상해 하셨다. 그 대표님이 좋아하는 잣나무로 만든 상품을 출시하면 사람들이 반응할 것이라 기대를 많이 하셨던 것이다. 그러나 결과는 사람들에게 인식조차 이루어지고 있지 않았다.

대표님은 나름 문제점을 분석하고 풀어나가고 계셨다. 그중 첫 번째 문제는 제조공장이 HACCP 인증을 받지 않아 그런 것이라 생각하셨다. 부랴부랴 전문가를 고용해 HACCP 인증을 받을 수 있는 환경으로 공장 시설을 업그레이드 하셨다. 두 번째 문제로 디자인이 예쁘지 않아 그런 것이라며 고민하다가 나를 만나게 된 것이다.

안타깝지만 2개 다 오답이었다. 제조 공장 환경 개선에 힘을 쏟기보다 왜 이 제품을 만들어냈는지 그 이유와 스토리 개발이 먼저 선행되어야 했다. 또 이름에 특정 글자를 붙인다고 무조건 인지도가 올라가는 것은 더더욱 아니었다. 대표님은 상품을 '제대로' 갖추어 만들기만 한 것이다.

이와 비슷한 시기에 출시된 '희녹'이라는 브랜드가 있다. 희녹은 제주도의 편백나무로 만든 탈취제다. 분명 새로운 재료로 만든 제품, 세상에 없었던 상품이 아니다. 위의 K대표님의 상품과 콘셉트는 별반 다르지 않다.

희녹은 '건강한 미래'라는 콘셉트를 가지고 있다. 그리고 이 콘셉트는 어디에나 그대로 녹아들어가 있다. 희녹은 강제로 편백나무를 잘라내는 것이 아닌 서로의 생장을 방해할 때나 나무를 잘라내어 그것만을 재료로 사용한다. 또한 안에서 일부 잎과 가지에 영양분이 집중되어 균형이 깨질 때에만 사람이 개입해 채취한다. 제주에서 농약이나 화학적 처리 없이 키워낸 것만을 이용하고 안전하고 깨끗하고 건강하게 탈취효과를 가질 수 있다고 설명하고 있다.

이런 콘셉트는 이름과 패키지에서도 드러난다. '희녹'은 '푸르름을 희망한다'라는 의미를 담고 있다. 그리고 환경을 생각해 리필세트를 만들어 팔고, 재생 플라스틱을 사용해 용기를 만들었다.

물론 '희녹'처럼 다방면으로 철저하게 준비했다고 하더라도 성공할 확률을 높이는 것이지 성공을 보장할 수는 없다. 다만 우리의 자원은 한정적이다. 이미 수많은 선배 사업가나 메신저들이 경험에 의해 나눈 조언들이 많이 나와 있다. 우리는 철저한 준비를 통해 성공확률을 높일 수 있는 상품(콘텐츠)을 기획해야 한다.

피그말리온 효과를 이용하자

그리스로마신화에 나오는 '피그말리온'은 자신이 조각한 여인상에게 '갈라테이아'라는 이름을 지어주고 그녀를 진심으로 사랑한다. 그는 정성을 다해 그녀를 사랑하며 여신 아프로디테에게 기도했다. 사랑을 이룰 수 있게 해 달라고. 아프로디테는 그 사랑에 감동하여 조각이었던 갈라테이아에게 생명을 불어넣어 준다. 이런 피그말리온의 기대와 간절함이 조각상에 생명을 부여할 만큼 위력을 발휘한 것이다.

이 이야기를 바탕으로 심리학에서는 '피그말리온 효과'라는 말도 생겨

났다. 이처럼 어떤 사람에 대한 깊은 믿음과 기대가 그 사람을 긍정적으로 변화시키는 것을 뜻한다.

피그말리온은 자신의 바람을 그대로 조각상에 투영하여 갈라테이아를 만들었다. 소비자 자신을 위한 100% 맞춤형이었다. 나는 갈라테이아를 만드는 것이 상품(콘텐츠)을 만드는 것과 비슷하다고 생각한다.

우리의 갈라테이아를 목적에 맞게 조각하며 정성스런 믿음과 기대로 대한다면 어느 날 그 조각상은 살아 움직이는 생명을 얻을 수 있을 것이다.

04

온라인 시장을
겨냥해 상품을 만들어라

내 상품만이 검색되는 키워드를 넣어라

오픈 마켓에 상품을 올리기 위해서는 상품명부터 상품에 대한 상세 설명까지 하나하나 써야 한다. 그중에서도 상품명은 사람들이 키워드로 검색을 했을 때 보여질 수 있기 때문에 특히 중요하다. 키워드의 중요성이 알려지자 키워드의 검색 수와 상품 수, 그리고 키워드 경쟁률을 보여줌으로써 내 상품에 맞는 최적의 키워드를 선택할 수 있는 프로그램들도 많이 생겨났다.

우리가 온라인 쇼핑으로 상품을 구매할 때를 생각해보자. 검색창에 원하는 상품명을 모른다면 '키워드'를 입력해 상품을 검색하게 된다. 그 검색된 상품 안에서 구입할 상품을 골라낸다. 여행을 간 지역에서 맛집을 가고 싶다면, 식당 이름보다 먼저 '맛집'이라는 키워드를 검색하는 것처럼 말이다.

검색키워드를 설정할 때에는 몇 가지 살펴봐야 할 것들이 있다. 첫 번째로는 키워드 검색량이다. 사람들이 이 키워드로 한 달에 얼마나 검색을 하고 있는지 살펴보아야 한다. 얼마 전까지만 해도 PC로의 검색 수를 모바일보다 더 중요하게 보는 경향이 있었다. 이유는 소비자가 구매를 하기 위해 검색을 할 때는 PC를 이용한다는 이유에서였다. 그러나 최근에는 모바일 쇼핑 금액도 크게 증가했다. 따라서 PC와 모바일 검색량을 합친 것을 참고하면 된다. 키워드 검색 수는 사람들의 관심을 가지는 정도는 보여준다. 두 번째는 키워드를 가지고 있는 상품 수이다. 검색 수가 많아도 많은 사람들이 해당 키워드를 사용한 상품이 이미 존재한다면 그 키워드는 포기하는 것이 좋다. 같은 키워드를 쓴 상품들과 경쟁을 해야 하기 때문이다. 세 번째는 키워드가 얼마나 상품에 대한 정보를 함축적으로 담고 있는지를 살펴보아야 한다. 검색량이 많아도 나의 상품과 관련이 없는 키워드는 역효과가 나기 때문이다.

하지만 대부분의 메인 키워드는 레드오션이거나 다른 사람이 선점해 사용되고 있을 가능성이 크다. 이것을 해결하기 위한 방법 중 하나는 레드오션인 메인 키워드와 보다 구체적이고 세세한 서브 키워드들을 찾아내는 것이다.

　마지막으로 시간이 걸릴 수 있지만, 가장 좋은 방법은 상표등록을 한 브랜드명을 앞에 붙여 고유 키워드를 만드는 것이다. 이렇게 되면 내 브랜드명을 키워드로서 홍보를 하면 된다. 처음에는 밑 빠진 독에 물 붓기처럼 느껴지고 더디더라도 결과적으로는 독보적인 키워드를 선점하는 것과 같은 효과를 볼 수 있을 것이다.

상품의 특징을 세세하게 파헤쳐라

　『캐시버타이징』(드류 에릭 휘트먼)에서는 이 방법의 이름을 '극단적 구체성'이라고 부른다. 방법은 간단하다. 상품(콘텐츠)이나 서비스에 대해 아주 작은 하나까지도 세세하게 적어보는 것이다. 이것을 통해 소비자들에게 소개할 때 하나하나 섬세하게 설명하는 것이다.
　아래의 두 경우로 예를 들어보자.

　가지고 싶던 명품가방을 구매하기 위해 첫 번째 매장에 방문했다. 눈으로 예뻐 보이는 가방을 둘러본 후 가격을 물어본다. 매장 직원은 보여달라는 가방을 성실히 보여주고 가격을 친절하고 상냥하게 대답했다.

매장을 나와 두 번째 매장을 방문했다. 마음에 드는 가방을 가리키며 보여 달라고 한다.

"고객님, 이 가방의 이름은 ○○○인데, ○○○ 모양에서 따왔어요. 이탈리아의 양가죽을 최고의 공정을 거쳐 우리 브랜드만의 염색기법으로 천연 염색을 했어요. 저희 브랜드의 가방들은 브랜드의 공방학교를 졸업한 사람들로만 이루어진 브랜드 공장에서 만들어져요. 상처가 없는 배 부분의 가죽을 이용해 가방을 만들어 상처가 없이 매끈하답니다. 외국의 XXX가 들고 나와 유명해졌지요."

실제로는 소비자들은 우리가 이야기하는 이야기의 절반도 기억하지 못한다. 소비자들에게 상품의 정보에 대해 알려주고 머리에 각인시키기 위한 과정도 아니다. 하지만 당신이 소비자라면 어떤 상품을 선택하겠는가? 대부분의 사람들은 후자를 선택할 것이다. 이유는 간단하다.

심리학에서 '휴리스틱'이라는 말이 있다. 지식백과에 따르면 복잡한 과제를 간단한 작업으로 단순화 시켜 의사를 결정하는 경향을 뜻한다. 인간의 뇌는 어떤 정보를 받아들이고 판단을 할 때, 생각하는 '고통' 대신 빠른 결정을 내리려 한다.

우리가 상품에 대해 세세하게 설명함으로써 소비자에게 상품을 직접 판단하고 분석할 시간을 아껴준다. 또한 우리가 길고 자세하게 말하는 것을 보고는 상품에 대해 간접 경험을 하게 한다. 위 공정 기법 등의 과정은 잘 이해를 못하더라도 이 가방에 쏟아부은 정성과 섬세함은 충분히 이해가 되기 때문이다.

또한 우리가 이야기를 길고 자세하게 할수록 우리를 전문가로 생각하고 신뢰를 하게 된다. 우리는 소비자들에게 상품에 대한 설명을 외우게 하는 것이 목적이 아니다. 소비자들은 이 이야기를 통해 정보를 외우는 것이 아니라 이 상품을 사야 한다는 확신을 가지게 된다.

별점과 리뷰가 상품을 구매하게 하는 데 있어서 중요한 역할을 하는 것도 이 '휴리스틱' 때문이다. 소비자들은 상품을 살펴보고 고민하는 고통을 겪는 대신 다른 소비자들의 사용 후기를 읽음으로써 고통을 피하고 수월하게 선택할 수 있기 때문이다.

우리가 상품에 대해 자세하게 써보는 것이 중요한 이유가 한 가지 더 있다. 바로 우리가 잘 몰랐던 고정관념에서 벗어나 새로운 관점으로 상품을 파악할 수 있기 때문이다. 이렇게 세부적으로 작성된 설명 중에서 의외의 포인트에서 값진 서브 키워드를 발견할 수 있다. 이때까지 몰랐던 상품의 장점을 더 발견할 수 있다. 우리가 상품에 대해 세세하게 알고 있을수록 어떤 소비자의 질문에도 막힘없이 답할 수 있고, 이는 리스크 방지로 이어질 수 있다.

내 상품으로의 유입을 위한 물길을 만들어라

온라인에는 새로운 상품이 차고도 넘친다. 이런 상품들과 경쟁을 하기 위해서는 홍보가 필수다. 초창기에 인지도가 없는 상태에서 상품을 홍보하는 방법은 자주 노출을 시키는 방법이 있다. 즉, 상품을 최대한 여러 경로를 통해 소비자들에게 노출을 시키는 작업을 해야 한다. 예를 들어 보자.

새 학기가 시작되고 새롭게 만나는 아이들과 만났다. 아직 낯설고 어색한 분위기다. 보통 처음 만나는 사람들은 겉으로 보는 모습으로 일차적인 선입견을 가지고 판단을 하게 마련이다. 그런데 선택한 수업이 겹쳐서 많이 마주치게 되는 J라는 아이가 있다. 그 사람의 첫인상이 호감일 수도 별반 특별할 것 없는 느낌일 수 있다. 그런데 학교를 끝나고 놀러 간 영화관에서도 마주치고, 놀이터에서도 마주쳤다. 처음엔 잘 몰랐지만 나와 동선이 겹치는 경우, 그 친구의 존재를 인지하기가 쉬워진다. 게다가 작년에 같은 반이었던 친구가 J에 대해 칭찬을 하면 그 J라는 친구에 대한 호기심이 더욱 높아질 수 있다. 실제로 이야기해보니 더 괜찮은 친구였다면, J와 당장 친해지고 싶은 마음이 들 것이다.

그럼 어떻게 유입경로를 늘릴 수 있을까? 바로 여러 채널에 올려 노출의 기회를 늘리는 것이다. 콘텐츠에 따라 맞는 채널이 다르다. 자신에 맞는 채널을 찾아 최대한 다양한 채널에 올리면 된다.

첫 번째, 나의 상품을 올릴 수 있는 모든 온라인 스토어나 플랫폼에 상품을 올린다. 우리나라의 온라인 시장은 네이버 스마트스토어, 쿠팡, G마켓, 11번가, 인터파크 등 다양하다. 이렇게 알려진 온라인 시장 말고도 회사의 복지를 위해 만들어진 복지몰이 있다. 사람들은 자신이 주로 구매하는 온라인 쇼핑몰이 있다. 쇼핑몰마다 사용할 수 있는 쿠폰이 다르고 적립금이 다르기 때문이다.

두 번째, 브랜드 블로그(브랜드 유튜브)를 운영하거나 블로그 체험단(유튜브 체험단)을 모집한다. 내 상품들을 소개하기 위한 목적으로 브랜드 블로그를 만들거나 블로그 체험단을 모집해 체험 후기를 받는 것이다. 내 브랜드 블로그를 만들면 장기적으로는 유리하나 블로그 순위를 올리기까지는 시간이 걸린다. 반대로 블로그 체험단을 모집할 경우, 브랜드 블로그를 키우지 않고도 내 상품이 블로그의 상위노출이 될 수 있다. 장기적으로 생각했을 때 가장 좋은 방법은 브랜드 블로그를 통해 내 상품의 스토리를 업로드하고, 단기적으로는 체험단을 운영하는 것이다. 브랜드 블로그가 성장하면 블로그 체험단의 숫자는 줄여도 된다. 유튜브도 마찬가지다.

마지막으로 나의 상품의 고객층이 몰려 있는 플랫폼을 찾아라. 소비자의 연령대가 많이 사용하는 플랫폼이 각각 있다. 또 고객 성향에 맞는 플랫폼도 다양하게 존재한다. 내 상품이 스토리가 풍부한 아이디어 제작 상품이라면 크라우드 펀딩 플랫폼을 이용해도 효과적이다. 타겟 소비자가 많이 있는 곳에 노출하면 할수록 내 상품이 잘 팔리는 것은 당연하다.

심리학에서 이야기하는 망각곡선의 연구에 따르면, 사람들은 1시간 이내에 학습한 내용의 0%를 잊어버리고 24시간 이내에 70%를 잊어버린다고 한다. 심지어 학습한 것이 아닌 노출이 되는 정보들이 많다면 자신이 관심이 있고 호감이 있는 것에만 눈이 가기 마련이다.

05

지피지기면 백전백승,
시장조사 하는 방법

경쟁사 브랜드 조사하기

놀이공원 같이 사람들이 많은 곳에서 친구를 찾아본 적이 있는가? 사람들이 바글바글한 곳에 가면 친한 친구라도 잘 찾지 못할 때가 있다. 상품도 마찬가지이다. 경쟁 브랜드가 많은 곳에 포지셔닝을 하면 그만큼 사람들 눈에 띄기 힘들다. 심지어 기존에 잘 팔리고 자리를 잡은 상품들을 제치고 눈에 띄기란 더욱 어렵다.

이와 반대로 놀이공원에서도 사람이 별로 없는 곳에 서 있으면 사람이 많이 모여 있는 곳보다는 수월하게 찾을 수 있다. 상품의 콘셉트가 소비자의 입장에서 전혀 새로울 때, 다른 상품과 비교하기보다는 새로운 가치관을 받아들인다. 토너먼트 경기에서 부전승으로 올라간 팀이 이기는 확률이 올라가는 것은 당연하다. 이 때문에 상품을 만들기 전에 같은 카테고리 안에 있는 다른 상품들에 대한 분석은 매우 중요하다.

여기에서 오해하면 안 되는 것이 있다. 경쟁자가 없다는 이유로 바로 이 세상에 없던 콘셉트의 상품을 만드는 것이 아니다. 같은 상품군 안에서 특별한 점을 찾아내는 작업이다. '놀이공원 안'이라는 범위에서 포지셔닝을 잘하는 것이 중요하다.

블루보틀 커피는 커피 브랜드가 많이 생기는 시점에 생겨난 많은 브랜드 중, 하나의 브랜드다. 2002년 미국 오클랜드에서 탄생하여, 2015년 첫 해외로 진출해 지금은 한국에도 8개의 매장을 가지고 있다. 수많은 커피 체인점 중, 블루보틀이 살아남고 심지어 사람들에게 '특별하다'고 인식되는 이유는 무엇일까?

커피 마니아였던 클라리넷 연주자 제임스 프리먼은 커피의 신선도를 중시했지만, 갓 로스팅한 원두를 구하는 것은 쉬운 일이 아니었다. 그는 직접 로스팅한 커피를 농산물 직거래 장터에 판매하다가 친구 집 창고를 빌려 블루보틀 커피를 창업했다. 그는 커피 원두의 신선도뿐만 아니라 산지를 중요하게 생각했고, 혼합 원두보다는 단일 원두를 직접 로스팅해 핸드드립으로 내려 제공했다. 이들은 전 세계의 커피 농가와 직접 계약을 맺어 생두를 직접 로스팅해 신선도를 유지한다. 그리고 로스팅 후 48 시간 이내에 바리스타가 머신이 아닌 드립을 이용해 커피를 내려 제공한다. 이 모든 것은 '최상의 커피'를 제공하겠다는 약속을 위한 일이다.

이것만이 전부였다면 지금의 블루보틀처럼 크지 않았을 것이다. 우리나라에 블루보틀 1호 매장은 압구정동이나 청담동이 아닌 성수동이었다. 그것도 성수동 메인 거리와는 조금 떨어진 곳이었다.

매장에 들어서자 각 커피 농가에서 들여온 생두 자루가 쌓여 있고, 큰 로스팅 기계들이 쉴새 없이 커피로스팅을 하고 있다. 로스팅 기계에서는 고소한 향기가 진동한다. 이렇게 신선한 원두를 바리스타가 드립을 내려 제공하는 모습을 눈으로 볼 수 있으니, 마치 커피 공방에 온 듯 멋있는 경험을 하게 되는 것이다. 매장 오픈 첫날 3시간 대기라는 장사진이 연출되기도 했다.

체인점이라서 바리스타마다 맛이 달라질 수 있는 부분도 맛의 품질을 유지하기 위해 많은 연구를 했다. 똑같은 높이에서 똑같은 원두의 양을 넣고 물의 양, 넣는 시간 등을 세세하게 교육한다. 또한 추출한 커피의 농도를 계측할 수 있는 기기도 갖추어 놓았다.

블루보틀은 세상에 없는 커피를 만들기 위해 새로운 맛의 커피를 탄생시킨 브랜드가 아니다. 다만 최상의 맛을 가진 커피를 제공하기 위해 생산지부터 관리, 공급까지 하나하나 커피 맛의 가치를 지키기 위한 최고의 선택을 했을 뿐이다. 누군가는 맛의 균형을 위해 기계로 빠르게 내리는 게 더 좋지 않은지에 대해 이야기한다. 하지만 그는 맛의 유지를 위해 커피 드리퍼를 새로 설계하는 것을 선택했다.

익숙한 것에서 1%의 특별함을 더해라

우리나라에서 브랜드를 가장 많이 만든 사람이라고 하면 노희영 고문을 빼놓을 수 없다. 그녀는 『노희영의 브랜딩 법칙』을 통해 브랜드를 만드는 과정에 대해 자세하게 풀어놓았다. 그중에서도 가장 기억에 남는 스토리는 그녀가 오리온에 들어가 초코파이 같은 과자를 만들기 위해서 했던 과정이다. 그녀는 모든 신제품 기획의 답은 그 마켓에 있다는 말을 신봉했다. 먼저 시장조사를 통해 과자 인기순위를 1위부터 10위까지 뽑았다. 사람들에게 익숙한 맛, 많이 좋아하는 맛을 알아내고자 함이었다. 전혀 새로운 맛을 개발하는 대신 대중들이 맛있다고 생각하는 맛을 먼저 알아낸 것이다. 그녀는 새로운 형태의 과자를 개발하는 대신, 대중들이 가장 선호하는 맛에서 한걸음 더 나아간 과자를 만들 계획이었다. 이런 계획은 적중했다. 목표했던 매출의 몇 배를 초과하여 달성할 수 있었다.

몇 년 전 나영석 PD는 〈유퀴즈 온 더 블록〉에 출연하여 새롭게 선보이는 프로그램마다 성공하는 비결에 대해 이렇게 이야기했다. 기존에 자신이 잘하고 호응이 좋았던 것에서 10%만 바꾸어 만들었다고 말이다. 실제로 나영석 PD의 예능은 알아볼 수 있을 정도로 톤이 비슷하다. 그는 KBS에서 PD를 맡았던 〈1박 2일〉을 통해 유명해졌다. 처음 tvN으로 옮겨 새로운 예능 프로그램을 기획할 때, '여행'이라는 콘셉트에 '할배'라는 새로운 연령층을 가미시켜 만들었다. 그 결과 '꽃보다 ○○' 시리즈가 탄생하게 되었다. 그 후엔 새로운 곳으로 여행을 가서 출연자끼리 그곳에 있는 재료들로 요리를 해서 먹는 〈삼시세끼〉가 탄생하게 된 것이다. 조금만 달라졌을 뿐인데 '새로운 프로그램'과 '나영석 PD'만의 색깔이 담긴 프로그램이 만들어졌으니 일석이조이다.

세상에 없는 단 하나의 특별한 음식을 만들기 위해 아름다운 컬러의 파란 쌀을 만드는 사람은 없다. 경쟁 상대는 없을지라도 사람들에게 인식되고 익숙해지기까지 너무 많은 시간이 걸린다.

위에서 예로 든 블루보틀의 경우에도 새로운 원두를 창조한 것이 아니다. 기존의 원두를 가지고 '최고로 맛있고 신선하게' 만들기 위해 방법을 조금 다르게 했을 뿐이다.

피드백을 통해 보완하라

자신의 브랜드 상품을 만들어 판매하는 O대표는 상품을 만들기 전 가장 먼저 하는 일이 있다. 바로 현재 만들어진 상품들의 리뷰를 살펴보는 것이다. 그는 자신이 판매할 스마트스토어에서 키워드로 검색했을 때 나오는 모든 상품 중 첫 번째 페이지에 있는 상품들의 리뷰를 집중 분석했다.

그가 리뷰 중에서도 중요하게 본 것은 별점이 낮은 리뷰들이다. 별점이 낮은 리뷰엔 상품의 불편한 점, 불만들이 가득했다. 그 리뷰들을 모두 옮겨 적었다. 상품을 만들기 위해 꼭 개선해야 하는 사항들이었다.

별점이 높은 리뷰들도 살펴보았다. 그 리뷰들에서 얻은 피드백으로 상품의 방향성이 설정되었다. 이제 다른 상품들에게는 없는 다른 한끗을 첨가하면 된다. O대표의 경우, 만들고자 하는 상품은 다이어터들을 위한 음료였다. 가장 먼저 분말과 함께 동결건조 과일을 넣어 마실 때 씹는 맛을 추가시켰다. 거기에 소비자들이 좋아하는 맛을 넣어 만들었더니 결과는 대박이었다. 다이어터들에게는 씹고 싶은 욕구를 해소시켜 주었고, 다른 다이어트 음료에서는 볼 수 없었던 새로운 맛을 내놓을 수 있었다.

위 경우와는 반대로 유명 여성복 브랜드에서는 홈페이지에 옷에 대한 디테일한 치수가 빠져 있었다. 옷을 직접 보지 않는 고객들을 위해 사이즈 표기는 중요한 사항일 텐데 큰 실수라고 생각했다. 그러나 실제로 만나 들었던 이야기는 반전이었다. 사이즈를 올려놓으면 하루가 멀다 하고 카피가 나와서 어느 정도 브랜드를 믿고 구매하는 마니아층이 생기자 치수를 뺐다고 했다.

　모든 상품에 대한 정보가 오픈되다 보니 다른 업체의 정보를 비교적 쉽게 얻을 수 있다. 마치 오픈 북 시험 같은 느낌이다. 단, 다른 사람이 만들어놓은 상품을 무조건 따라 하기보다 자신만의 절대 양보할 수 없는 가치를 부여해야 한다. '자신만의 가치'를 찾는 작업은 쉽지 않다. 그것을 지키는 일도 쉽지는 않다. 하지만 브랜드 정체성이 만들어지면, 다른 브랜드들로부터 내 브랜드를 지켜낼 수 있다.

06

필승 전략은
마케팅보다 네트워킹이다

라포 관계 형성하기

진정한 퍼스널 브랜딩이 완성되기 위해서는 나라는 브랜드와 소비자와의 교류가 잘 일어나야 한다. 첫 번째 단계는 '나'라는 사람에게 호감을 갖는 것이고, 두 번째 단계는 신뢰가 생기며, 세 번째 단계는 교류하는 것이다. 나와 상대방이 정서적 유대로 이어지는 관계를 '라포 관계'라고 한다. 토니 로빈스는 『라포』에서 "라포는 상대방의 세계에 들어가 당신이 그를 이해하고 강력한 유대감을 갖고 있다고 느끼게 만드는 능력이다." 라고 설명하고 있다.

라포 관계가 형성되면 장점이 많다. 처음 보는 낯선 사람에게 갖는 경계심이나 거부감을 낮춰주고 교류가 쉽게 일어날 수 있게 한다. 기본적으로 관심과 호감을 바탕으로 이루어진 긍정적인 반응이기 때문이다. 많은 연예인들이 예능 프로그램을 통해 자신의 솔직한 모습을 보여줄 때, 대중들의 호감도가 높아지는 것을 흔히 볼 수 있다. 라포 관계가 형성되었기 때문이다. 예능 프로그램에서 보여주는 솔직하고 다양한 모습들이 연예인과 대중들 사이에 있던 벽을 쉽게 허물어줄 수 있다.

광고를 이기는 입소문

기업들의 마케팅 전략도 결국은 입소문을 내기 위한 전략이다.

경기도의 한 주택가에 어느 동네에나 있을 법한 작은 약과를 만들어 파는 집이 있었다. 그 집은 시어머니와 며느리가 함께 약과를 만들어 오프라인으로만 판매를 해왔다. 어느 날, 어느 육아맘이 맘껏 외출하고 혼자만의 시간을 가지고 싶다는 글과 함께 지금 당장 먹고 싶은 음식으로 이 약과 사진을 '지역 맘카페'에 올렸다. 그러자 그 동네에 살던 엄마가 그 글에 그 약과가 정말 맛있고 특별하다는 댓글을 달자 그 글은 삽시간에 인기 게시글이 되었다.

인기 게시글이 되자 더 많은 사람들이 게시글을 클릭했고, 먹어본 사람들이 너도나도 사진을 찍어 후기를 올렸다. 그 집은 특이하게도 '파지약과'라는 것을 판매했는데 이 약과는 만들다가 부스러진 약과를 버리지 않고 모아두었다가 판매하는 것이었다. 이 보잘것없는 파지약과는 안 부스러진 약과와 차이점이 하나 있었는데, 부스러진 면이 있어 겉에 꿀이 더 잘 묻어 있다는 것이었다. 가격이 저렴한 데다가 더 달짝지근하게 맛있는 '파지 약과'가 '정상 상품'인 약과보다 인기가 훨씬 많았다.

심지어는 너무 많은 사람들이 주택가에 주차하고 약과를 사는 바람에 동네 주민들의 항의를 매일같이 들어야 하는 상황이 되었다. 이 약과 집은 오프라인으로의 판매를 종결한다는 안내와 함께 대신 오픈 마켓을 통해서만 판매하기로 했다. 그리고 매주 정해진 요일 정해진 시간에만 오픈해서 만들 수 있는 만큼의 수량만을 만들어놓고 판매한다. 심지어 만들어진 다음에 발송되기 때문에 다음날 바로 받아볼 수 있는 것도 아니다. 3주를 기다리더라도 항상 품절일 정도로 인기가 좋다. 지금도 주문할 수 있는 시간에 가보면 1시간이면 품절이 되곤 한다.

오픈 마켓에 상품을 올리면 처음에는 노출되는 상품 순위가 뒤에 있는 경우가 대부분이다. 이 순위를 위로 올리기 위해서는 판매가 잘 이루어지는 것이 가장 중요하다. 또한 구매가 일어나기 위해서는 상품에 대한 평점이나 리뷰 유무가 중요한 결정요인이 되기도 한다. 나부터 생각해보면 같은 상품이라도 리뷰가 없는 상품은 잘 사지 않게 된다.

오프라인에서 상점을 오픈하면 주위 사람들이 하나씩 구매해주듯이 온라인에서도 마켓을 오픈하면 주위 사람들이 하나씩 구매해주곤 한다. 그러나 주위에서 이렇게 구입해주는 상품은 한정되어 있다. 리뷰가 하나 둘 생기고 주위 사람들의 구매가 일어나 순위가 올랐음에도 상품이 구매까지 연결이 되지 않는다면 그 상품은 경쟁력이 사라지게 된다.

오픈 마켓에서 판매자가 많아질수록 상품 간 경쟁률도 치열해 졌다. 상품을 올리면 몇 건 이상의 구매가 이루어져야 상품이 상위노출이 가능해졌다. 경쟁이 치열해지다 보니 주변 지인들의 구매로는 한계가 있다.

이것을 이용한 '마케팅 대행사'가 생겨나기 시작했다. 상품의 비용만큼 입금해주고 제삼자로 하여금 구매하게 한 뒤 리뷰를 달면 '리뷰비용'을 주는 식이었다.

물론 이 방법으로 상품의 상위노출이 가능하고 상위노출이 되면 구매가 더 잘 일어나는 것은 맞다. 그러나 나도 쓸 수 있는 방법이면 누구라도 언제든지 사용할 수 있는 방법이다. 효과 또한 빠르다. 구매가 일어나면 즉각적으로 순위에 반영이 되기 때문이다. 그러나 나보다 자본력이 갖춰진 사람이 들어와 거대 자금을 투입해 엄청난 비용의 가구매를 일으킨다면 나는 예상치 못하게 순위가 밀려나는 것이다. 게다가 마케팅 비용에 투입된 비용만큼 회수해야 이익이 남으니, 좋지 않은 마케팅 방법이 악순환 될 수 있다.

'행동 의사결정 이론'의 대가 이타마르 시몬슨은 "현대는 소비자들이 제품에 대해 거의 완벽한 정보를 얻을 수 있는 시대이다."라고 했다. 소비자들은 쉽게 그 상품에 대한 정보를 얻을 수 있다. 보여주기 식의 마케팅은 효과가 지속되기 힘들다. 소비자들에게 상품의 진정성을 전달하기 위해서는 소비자들이 스스로 리뷰를 달고 다른 사람들에게 추천할 수 있는 상품이 되어야 한다.

아이디어를 이기는 스토리

와디즈, 텀블벅, 메이커스 등과 같은 크라우드 펀딩 플랫폼이 많이 생겨났다. 세세한 절차는 조금씩 차이가 있겠지만 전체적인 흐름은 비슷하다. 상품의 제작자가 자신이 만든, 또는 예정에 있는 상품들에 대해 상세 페이지를 먼저 만들어 소개하고 소비자는 먼저 지불하고 제품이 만들어지면 배송을 받을 수 있도록 선구매를 하는 것이다. 선구매의 조건은 할인된 가격이다. 목표금액이 달성되면 제작자는 재고부담과 제작비용에 대한 부담감을 내려놓고 생산해 팔 수 있는 플랫폼이다.

크라우드 펀딩 사이트에 들어가 보면 정말 많은 사람들이 제작해 올려놓은 상품들이 있다. 그 중에서도 목표 달성률을 초과한 상품들을 살펴보면 하나같이 탄탄하게 짜여진 스토리를 볼 수 있다. 이 상품의 가치와 누가 만들었는지, 어떤 제작과정을 거쳤는지 등등 꼼꼼하게 보여준다.

이렇게 자세한 스토리는 소비자로 하여금 상품이 가진 진정성을 전달할 수 있고 신뢰감을 형성한다. 그만큼 스토리의 힘은 강하다.

아직 브랜드가 확실히 구축되지 않은 상황이라면 스토리를 적극 활용해야 한다. 브랜드 스토리와 브랜드가 촘촘하게 연결되어 있다면 소비자로 하여금 신뢰감을 형성할 수 있다. 상품을 만드는 과정을 기록해보자. 실패담도 좋다. 소비자들은 스토리를 좋아한다. 스토리는 상품의 매력을 입체화 시켜준다.

스토리에도 종류가 다양하다. 감성형 스토리, 정보형 스토리, 공감형 스토리 등…. 사람들은 스토리를 좋아한다.

여기서 올려서 역효과인 스토리도 있다. 첫 번째로는 상대방을 비난하는 스토리는 피해야 한다는 것이다. 사람들은 보통 뒷담화와 소문을 좋아한다. 그러나 이를 이용하여 스토리를 만든다면 처음에는 혹할지 모르나 그 뒷담화가 나의 이미지가 된다는 점을 기억하자. 두 번째는 상품의 정보를 과하게 과장하고 조장해 올리는 것이다. 네트워킹의 시대다. 한 사람에게 정보가 입력되면 많은 사람들에게 퍼지는 것은 순식간이다. 내 상품에 대한 정보가 과장되고 조작된 것이라는 것이 드러나면 상품의 생명은 끝난 것이나 다름없다. 새로운 상품을 만들어 홍보하는 것보다 추락한 이미지를 다시 좋게 만드는 것이 훨씬 어렵다는 것을 기억해야 한다.

07

어디에서 팔까?
: 판매 매체 선택하기

처음부터 잘 팔릴 수는 없다

나는 내가 모르는 '미지의 세계'에 대한 모험에 무척 소극적이다. 배우고 도전하는 것은 좋아하지만 모든 에너지를 올인하여 특별한 아이디어를 가지고 사업을 시작하는 것은 나에게는 무모한 도전이다. 게다가 유아기의 아이들을 세 명을 키우고 있다는 상황도 고려해야 했다. 이런 나에게 디지털 시대는 나 같은 사람에게 새로운 기회다. 온라인 덕분에 강의를 들을 수 있었고, 재고 부담을 가지지 않고도 할 수 있는 위탁판매도 할 수 있었다. 그게 이어져 퍼스널 브랜딩과 브랜드에 대해 이렇게 책도 쓰고 있다. 처음부터 내 상품의 인지도가 높을 수는 없다. 그러나 이런 부분을 해결할 수 있는 여러 플랫폼이나 채널들이 생겨났다.

초기 상품은 플랫폼, 크라우드 펀딩 이용하기

크라우드 펀딩이란, 대중을 뜻하는 크라우드와 펀딩을 조합한 단어로, 온라인 플랫폼을 통해 소비자들이 상품을 선구매하여 자금 조달이 이루어지는 시스템이다. 최초의 크라우드 펀딩은 영국에서 '조파닷컴'이라는 곳에서 시작되었다. 그 후 2011년부터 우리나라에도 크라우드 펀딩이 도입되었다.

'펀딩'이라는 단어를 사용하지만 지분투자 대신 종류에 따라 후원형, 기부형, 대출형으로 유무형의 리워드(상품)로 보상한다. 후원형은 후원한 금액만큼 리워드(상품)로 받는 형태이다.

크라우드 펀딩은 유형의 상품에 대해 소개하는 플랫폼이 있고, 카드뉴스나 집필한 책을 소개해 모금하는 플랫폼이 있다. 자신이 만드는 상품과 맞는 플랫폼을 찾으면 된다.

크라우드 펀딩에는 장점이 아주 많다.

첫째, 사려고 작정한 고객들이 모여 있다. 크라우드 펀딩에 접속하는 소비자들은 기본적으로 구매하기 위해 들어온다. 새로운 상품에 대한 호기심과 만들어낸 사람들의 스토리를 보며 마치 '에디슨의 발명기'를 읽는 사람들 같다. 이렇게 상품에 호감이 생기면 나도 모르는 사이에 구매하기 버튼을 누르고 있다. 이 처음 개발되는 상품을 위해 다른 상품보다 긴 배송기간도 기분 좋게 기다린다. 소비자의 입장에서는 이 기발한 상품을 저렴한 가격에 사는 것에 대해 혜택이라고 생각한다. 또한 생산자의 스토리에 이렇게 착하고 성실하고 이타적인 마음으로 상품을 만들었다는 스토리에 매우 '돈쭐'을 내주고 싶은 마음이 앞선다.

두 번째는 소비자 외에도 많은 유통업자들도 이 플랫폼에 접근한다. 유통업자들은 항상 새로운 상품을 찾아나선다. 크라우드 펀딩 플랫폼은 그 새로운 상품을 찾아낼 수 있는 적합한 장소이다. 몇몇 생산자는 마케팅 보다는 제조에 집중하고 싶어하는 사람들도 있다. 생산자의 입장에서 보아도 유통업자에게 상품을 좋은 마진으로 넘겨 마케팅 비용을 해결하면 서로 윈윈인 것이다.

콘텐츠를 생산하는 메신저들을 위한 플랫폼

무형의 상품을 만들어 올릴 수 있는 크라우드 펀딩 플랫폼도 있지만, 자신의 강의나 전자책 같은 콘텐츠를 올려놓고 판매할 수 있는 플랫폼도 있다. 바로 크몽과 탈잉이다. 전문가들과 소비자들이 찾는 이 플랫폼 에서는 디자인, 마케팅, 부업 등 자신이 원하는 분야에서 전문가가 올려놓은 지식창업서비스들을 구매할 수 있다. 여러 전문가들이 오프라인 강의, 전자책, 마케팅 서비스 등 다양한 방법으로 올려놓는다. 전문가를 쉽게 구할 수 있고, 가격을 비교해서 고를 수 있다는 장점이 있다. 단점은 전문가들의 서비스나 실력을 객관화해서 볼 수 없고, 그들이 써놓은 서비스 설명과 별점을 통해서 유추해야 한다는 것이다. 누구든지 원하면 전문가로 전환이 가능하고, 어떤 콘텐츠든 올려도 되는 장점도 있지만 그 지식이 점검받지 않았다는 점은 단점이다.

나만의 공간으로 꾸밀 수 있는 블로그는 많은 사람들이 시작하는 플랫폼이다. 가장 쉽게 접근할 수 있는 장점이 있지만 너무 많은 사람들이 하고 있어 상위노출까지 시간이 걸린다는 것이 단점이다. 그러나 꾸준히 하면서 내 콘텐츠의 흐름을 보여줄 수 있다. 내가 제공하고자 하는 정보들을 올려놓으면 그 정보가 필요한 사람들이 유입된다. 한 가지 분야에 대한 노하우나 과정들을 제공함으로써 블로그를 방문한 사람들의 니즈를 충족시켜준다. 더 나아가 팬이나 소비자를 모을 수 있다. 한 분야에 어느 정도 콘텐츠가 모이면 인플루언서로 선정될 수 있다는 점에서 인스타그램과 비슷하다.

플랫폼으로 창업한 여러 사업가가 입을 모아 해야 한다고 이야기하는 플랫폼은 바로 카페이다. 한 분야의 마니아층을 집결시킬 수 있는 강력한 플랫폼이다. 카페에 가입해야만 볼 수 있는 콘텐츠들이 있어, 이런 특성을 이용해 어느 정도 마니아층이 형성되었을 때 여러 가지 활동에 대해 알릴 수 있다. 내 콘텐츠를 알리고 홍보하는 것뿐만이 아니라 다른 브랜드와의 제휴마케팅도 가능하니, 마니아층 형성을 위해서는 강력한 플랫폼이다.

페이스북은 3초 안에 시선을 끌 수 있으면 '성공'하는 플랫폼이다. 많은 콘텐츠가 올라오고, 드러나는 공간이 한정적이기 때문이다. 짧은 시간 안에 시선을 끌어야 하기 때문에 더러 자극적인 콘텐츠가 올라오기도 한다. 그러나 이미지나 핵심 콘텐츠를 빠르게 확산시킬 수 있는 효과적인 플랫폼이다.

작가들을 위한 플랫폼, 브런치

브런치라는 플랫폼에 대해 처음 알았을 때, 이 플랫폼이 이렇게 오래 갈 줄 몰랐다. 나왔다가 금방 망하겠구나 생각했다. 점점 '빨리빨리'를 요구하고 자극적이고 시작적인 콘텐츠들이 난무해가는 시대인데 웬 글쓰기 플랫폼이란 말인가?

점점 빠르고 자극적인 콘텐츠 시장에서 브런치는 정반대의 길로 가고 있었다. "우린 좋은 글이 가진 가치를 믿는다."고 선언했다. 나중에 열어 봐도 그 가치가 변함없는 글을 '에버그린 콘텐츠'라고 한다. 빠르고 자극적인 콘텐츠와는 정 반대다.

그런데 이게 웬일인가. 내 예상은 완전히 빗나갔다. 오히려 자극받은 콘텐츠들에 지친 사람들이 힐링을 하러 들어가는 플랫폼인 것 같았다. '브런치 작가'는 뽑혀야 글을 올릴 수 있어 나름의 훈장효과도 생겼다. 크몽이나 탈잉에서 브런치 작가가 되는 방법에 대해서 강의가 생겨날 정도였다.

브런치 플랫폼에는 작가와 독자들뿐만 아니라 출판사와 제작자들도 많이 들어간다. 콘텐츠를 보고 마음에 드는 스토리를 사서 책, 드라마, 영화로 만들어낸다. 시대를 역행해 성공한 플랫폼이다.

브랜드만을 위한 미디어 매체를 만들어라

인터넷과 유튜브가 알려지기 전만 해도 텔레비전에 얼굴이 나오는 경우는 매우 드물었다. 막말로 상을 받거나 사고를 쳤을 때가 아니고는 일반인의 텔레비전 출연은 특별한 경험이다. 그 당시만 해도 TV에서 노출되는 상품은 홍보 효과가 뛰어나 금방 입소문이 나곤 했다.

하지만 유튜브나 인스타그램으로 인해 누구나 개인 매체를 하나씩 가질 수 있는 시대가 되었다. 채널을 만들고 설정을 하는 방법도 간단하다.

누구나 마음만 먹으면 개인 채널을 만들 수 있는 시대다.

인스타그램 인플루언서나 유튜버가 이야기하는 상품들은 몇분 안에 품절이 될 정도로 영향력이 강력하다. 인플루언서들이 자신이 진행하는 공동구매로 한 달 동안 1억 원씩 번다는 말을 들은 적이 있다.

상품들을 이용해 매체를 만들어야 한다. 그를 통해 상품의 소비자를 만날 수 있고 상품에 대한 자연스러운 인식을 만들어줄 수 있다.

08

지금까지처럼 해서는
절대 팔리지 않는다

메이드 인 코리아(made in Korea)로 통하던 시대는 끝났다

화장품 제조 공장을 운영하고 있는 J대표님을 만났을 때 일이다. 이 제조 공장은 화장품을 만드는 곳이었다. 제조 공장 안에 연구실이 따로 있을 정도로 규모가 있는 공장이었다. 여기 대표님은 큰 고민을 하나 가지고 있었다. 제조 공장에서 만든 브랜드의 화장품이 있는데도 불구하고 OEM으로 납품하는 화장품 브랜드만 매출이 나고 있다는 것이었다. 똑같은 상품을 가격대를 낮추어 내놓아도 마찬가지였다. 국내에서 매출이 떨어지자 한국의 소비자들이 이 회사의 상품을 몰라본다고 생각하고 국

내 생산을 과감히 접었다. 그 후 동남아 시장과 중국 시장에 주력하여 판매했다.

처음 2년 동안은 판매가 잘되었다. 이름이 유명하지 않아도 'made in korea'라는 것과 비싸지 않은 가격대 때문이었다. 가격대비 품질이 좋아 가성비가 높은 화장품으로 인지도가 올라갔다.

그런데 올해부터 갑자기 해외시장에서의 매출도 떨어지고 있다는 것이다. 이대로는 안되겠다 싶어 중국의 라이브커머스 전문가를 고용해 판매 실적을 내고 있다. 그러나 국내 시장의 흐름대로 가고 있는 것이 눈에 보여 불안해하고 계셨다.

2년 전까지만 해도 동남아의 오픈 마켓에는 한국에서 만들어진 제품 자체가 귀했다. 한국에서 만들어졌다는 이유만으로 모든 상품이 잘 팔리던 시기가 있었다. 그러나 온라인 시장이 갑자기 커지면서 상황이 바뀌었다. 해외의 소비자들은 한국에서 만든 상품이라도 브랜드가 있다는 것을 인지하기 시작했고, 너도 나도 제조공장에 OEM으로 생산해 'made in korea'를 붙이고 해외 시장을 공략했다. 순식간에 정말 많은 'made in korea' 상품들이 해외 시장에 나왔고, 다시 좋은 브랜드의 상품만이 판매가 일어났다.

대형 브랜드들에서도 해외 시장의 반응을 보고 리셀러(상품을 사서 해외 시장에 되파는 사람)대신 직접 해외의 오픈 마켓에 진출하기 시작했다. 그리고 해외의 오픈 마켓에서는 정품을 관리하기 위해 브랜드의 직접 입점이거나 브랜드의 승인이 떨어지지 않고는 리셀러들의 브랜드 상품 판매를 막기 시작했다.

이것은 동남아의 오픈 마켓만의 일이 아니다. 모두 이런 과정을 거쳐서 일부 상품은 살아남았다. 특별했던 것들도 많아지면 익숙하고 평범한 것들이 되어버린다.

새로운 아이디어만이 답이 아니다

식품을 만드는 제조공장을 운영하고 계신 P대표님도 비슷한 고민을 가지고 계셨다. 이 공장에서는 요새 유행하는 맛이 있으면 과자와 음료에 첨가해 출시했다. 모든 맛이 다 출시가 되었다고 해도 될 정도로 이 공장에서 만들어낸 과자와 음료의 종류가 어마무시했다. P대표님은 열정이 대단하셨다. 새로운 맛을 찾기 위해 전국의 다른 제조공장이나 지방을 다니며 새로운 재료들에 대한 아이디어를 얻으셨다.

그러나 문제는 너무 새로운 맛이어서 대중들에게 다가가기 힘든 맛이거나, 너무 유행에 따라 나온 맛이라서 이미 흔한 맛이라는 것이었다. 새로운 맛을 위해 김치 시즈닝을 추가하기도 하는가 하면, 달고나가 유행하자 과자에 첨가하는 식이었다. 기본적으로 생산하는 상품에 넣을 수 있는 재료에 대한 아이디어는 거의 다 나온 것 같았다. 마치 더 이상 짤 것이 없는 마른 수건 같았다.

유통에서도 어려움을 겪고 계셨다. 국내 시장은 몇몇 오프라인에 납품을 했는데 코로나로 인해 매출이 급감한 상태였다. 대표님은 해외 거래처를 더 뚫기로 하셨다. 해외의 오프라인도 상황이 좋지 않자 거래처의 수를 늘리고 싶어 하셨다. 해외 오프라인 매장에 납품하기 위해 주변의 인맥을 총동원해 공급할 수 있는 유통망을 늘리려 했으나 지금 상황에서는 늘리기가 쉽지 않았다.

미식가의 입을 가진 N선배의 이야기도 있다. 친구들 사이에서는 그 선배가 추천하는 맛집은 무조건 믿을 만하다고 이야기하곤 했다. 평범한 회사에 다니던 그 선배는 회사를 정리하고 자신의 상품을 만들어 판매해보겠노라 선언했다. 워낙 맛에 예민한 선배가 식품을 만든다고 하니 기대가 컸다.

전국 곳곳에 농수산물을 찾으러 다니다가 드디어 상품을 출시하게 되었다. 상품을 출시하기까지는 온갖 정성을 기울여 만들었다. 재료의 품질부터 시장에 없는 맛을 위해 고급스러운 맛을 첨가했다. 패키지 포장 디자인도 멋있게 만들었다. 상품이 출시되자 문제가 발생했다. 일정 수준 이상의 품질을 맞추기 위해 상품을 만들고, 새로운 맛을 내놓았는데 기존 다른 상품에 비해 가격이 높았다. 소비자들 입장에서는 이름도 모르는 작은 업체의 비싼 식품을 사기가 어려웠다. 설상가상으로 상품을 출시하면서 목표했던 온라인 플랫폼으로부터 입점을 거절당하자 선배는 덜컥 겁이 나기 시작했다. 미리 사놓은 재료가 아직 쌓여 있었다. 게다가 유통기한이 있는 식품이다 보니, 어느 시점까지 판매가 되지 않으면 전량 폐기해야 하는 위기에 닥친 것이다.

잠시 멈추고 점검한 후 앞으로 나가야 한다

지금까지의 자신의 상품을 만들어 판매를 하려면 상품을 먼저 만든 후 마케팅과 영업을 해서 상품을 유통하는 방법으로 해왔다. 상품이 만들어지면 그 상품을 가득 싣고 다니며 영업을 하는 시기가 있었다.

지금은 상황이 달라졌다. 상품이 너무 많고 품질이 비슷해서 어떤 것을 골라야 할지 혼란스럽다. 노벨 경제학상을 수상한 하버트 사이먼에 따르면 "정보는 정보를 취하는 사람의 주의를 앗아간다. 결국 정보의 풍요는 주의력 빈곤을 낳을 것이다"라고 했다. 너무 많은 정보들에 둘러싸여 있으면 사람들을 오히려 선택하지 못한다는 것이다.

지금 이 시대 정보는 결코 부족하지 않다. 누구나 쉽게 똑같이 정보를 얻을 수 있는 시대이다. 여기서 다른 사람들과 차별점을 두기 위해서는 어떤 선택을 해야 할까. 새로운 시장, 새로운 아이디어만이 답일까?

많은 사람들은 차별화를 두기 위해서 '더 빨리, 더 많이' 해야 한다고 몰아붙이는 경향이 있다. 나도 마찬가지다. 남들보다 한발 앞서 움직여 선점하고, 많이 하는 것에 안심하곤 했다.

그러나 모든 사람이 빠르게 움직이는 상황이라면 내가 빨리 달리고 있음에도 불구하고 현재 자리를 유지하는 것밖에 안 된다고 느낄 때가 있다. 빠르게 달려나가는 사람들을 앞지르기 위해서는 내 속도를 더 낼 수밖에 없다. 더 빨리 많은 것을 배우고 새로운 아이디어를 내는 것만이 답이라고 생각했다.

이미 늦게 시작했다는 조급함에, 그리고 다른 사람보다 앞서가야 한다는 부담감에 한꺼번에 여러 새로운 분야를 닥치는 대로 배웠다. 그러나 어느 순간, 나의 속도에 한계가 느껴지기 시작했고, 정작 제대로 이루어진 것이 없다고 생각하자 몸에서 힘이 풀렸다.

정신없이 달리다가 뒤를 멈춰 서서 돌아보니 제대로 마무리가 되지 않은 일들이 여기저기 널려 있었다. 오히려 느리지만 비슷한 자리에서 튼튼히 다져놓은 사람들의 결과가 더 좋기까지 했다.

'생산성'이라는 말이 있다. 경제학사전에 따르면 생산성은 투입량 대비 산출량이 뛰어난 것이라고 나와 있다. 다시 말해 적게 일하고 많이 이루어내는 것이다. 생산성의 범위를 매출까지라고 생각하면 지금까지 소개한 사례들은 투입한 노력에 비해 생산성이 낮은 것이다. 위 사례들이 지금까지의 제조판매 방식이었다면 지금부터는 달라져야 한다.

그렇다면 이 시대에 맞는 접근법이 있을까? 늘 해답은 있기 마련이다. 바로 상품을 만들기 전에 생산자와 상품의 본질을 제대로 이해하는 것이다.

4장

브랜드는 살아 있다

브랜드 스타트업의 실전

좋은 습관은 시들해진 열정과 욕망을 조절하고 삶의 더 큰 경험을 만든다.
그런데 우리는 이것에 대해 알가왈부하느라 너무 많은 힘을 소모한다.

- 랠프 W. 소크먼 -

01

누구나 자신의 브랜드를
가지길 원한다

브랜드와 퍼스널 브랜드

주변 사람들에게 브랜드를 물어보면 멋진 이름, 눈에 띄는 로고, 웹사이트 등으로 생각하는 사람들이 많다. 나 또한 처음에는 브랜드와 브랜딩에 대한 정의를 딱 떨어진 한 줄로 정리하지 못했다. 세계적인 브랜드에서 일을 하며 배운 것을 바탕으로 브랜딩이 잘 되었네, 안 되었네 느낌만으로 파악할 뿐이었다.

그러다가 『오늘부터 나는 브랜드가 되기로 했다』에서 기가 막힌 문장을 찾아냈다.

'마케팅은 타인에게 "저는 좋은 사람입니다"라고 말하는 것이고, 브랜딩은 타인으로부터 "당신은 좋은 사람이군요"라는 말을 듣는 것이다.'

그래 이거다! 브랜드는 단지 내가 디자인한 대로 보여질 뿐, 절대로 내가 의도한 그대로 보여지지 않는다. 내가 A라는 의도로 한 행동도 상대방에 따라서는 다르게 받아들여질 수도 있기 때문이다. 이런 현상은 텔레비전에서 많이 볼 수 있다. 어느 유명 유튜버가 우연히 특정 각도로 사진을 찍은 것에 사람들의 논란이 붙어 이슈가 되는 사건이 있었다. 유튜버의 의도와는 상관없이 사람들은 보이는 대로 믿어버렸다. 때문에 브랜딩은 단지 '나는 어떤 사람'이라고 보여주는 것을 넘어서서, 굳이 설명하지 않아도 누구나 그 사람이라고 인지하고 있어야 좋은 브랜딩이라 할 수 있는 것이다. 브랜딩은 나로 시작해 상대방으로부터 끝난다.

보통 브랜드라고 하면 상품을 만들어 판매하는 기업을 떠올린다. 그러나 실제로 브랜드의 범주는 다양하다. 유형의 상품과 더불어 서비스도 브랜드다. 이제는 사람도 퍼스널 브랜딩이 되는 시대이다. 오프라 윈프리 하면 오래전에 종영된 지 '오프라 윈프리 쇼'가 떠오르는 것처럼 말이다.

'나'를 막연하게 머리로 생각하는 것과 간단명료하게 글로 정의하는 것은 큰 차이가 있다. 한마디로 정의하는 것이 생각보다 쉽지 않은 이유는 항상 스스로 부족해 보이기 때문이다. 즉, 하나의 브랜드로 인정받을 것 같아 보이지 않기 때문이다. 하지만 글을 길게 쓴다고 해서 달라질까? 시간이 좀 더 흐르면 달라질까? 오히려 논점이 흐려지기 쉽다.

브랜딩이 어렵게 느껴지는 이유는 '마케팅' 중 하나라는 오해 때문이다. 눈에 보이지 않고 손에 잡히지 않는 개념을 인지할 때 흔히 그렇듯, 기존에 어느 정도 알고 있던 개념에 빗대어 적당히 규격화하는 것이다. 그래서 브랜딩은 마케팅, 광고, PR과 더불어 '알리는 개념'으로 이해되기 쉽다.

사람도 브랜드화하기 시작했다

선거를 통해 리더를 선출하기 시작하자 정치인들은 자신의 보여지는 이미지를 관리하기 시작했다. 그리고 사람을 내세운 광고는 대부분 연예인이 모델이 되었다.

그러다가 점점 범위가 확대되어 스포츠 스타들이 브랜딩을 하여 광고를 하기 시작하고, 의사들도 퍼스널 브랜딩을 하기 시작했다. 퍼스널 브랜딩의 확산은 계속되었다.

지금은 모든 사람이 브랜딩이 되어야 하는 시대이다. 브랜딩에 대한 오해는 퍼스널 브랜딩도 어렵게 만든다.

사람들은 "퍼스널 브랜딩을 해야 한다는 건 알겠는데 어떻게 해야 할지 모르겠다."라고 말한다.

마케팅 비슷한 것을 어떻게 해야 할지 고민한다.

연예인처럼 시장에 진출해 이미지를 각인시키는 일을 해야 한다면, 그들 마음대로 '자신의 방식대로' 자신을 드러내기엔 한계가 있을 수 있다. 처음 선보이는 아이돌 그룹이 가지고 나온 콘셉트는 그들 스스로 정하지 않은 경우가 많다. 그들은 나의 본연의 모습과는 조금 다르더라도 만들어진 이미지를 지키기 위해 노력해야 한다.

그러나 최근에는 이러한 보여지는 이미지가 중요한 연예인에게조차 솔직한 인간미를 요구하는 바람이 커지고 있다. 너무 만들어지고 갖춰지기만 한 연예인에 대해서는 오히려 거부감이 생기기도 한다. 연예인도 하는 사람이 많아지면서 대중들에게는 그저 완벽하게 만들어진 많은 예쁜 사람 중 한 사람일 뿐이다. 최근에는 이렇게 완벽하게 만들어진 모습보다는 인간적인 친숙한 모습과 솔직한 모습으로 다가오는 연예인에 대한 호감도가 높아지기 시작했다.

영화계 스태프를 만나 연예인들의 브랜딩에 대해 이야기를 들은 적이 있다. 영화 촬영을 위한 오디션을 보면, 수백 명이 모여들기 때문에 프로필 사진은 거기에서 거기라는 것이었다. 하나같이 예쁜 화장을 하고, 멋있는 포즈를 한 사진들을 보면 오히려 감흥이 없어지는 것이다. 이보다는 자신의 평소 성격이 드러나는 콘셉트를 찍은 프로필 사진들이 더 기억에 남는다고 했다. 평소 콘셉트가 드러난 사진으로 그 사람에게 맞는 캐릭터를 맡기기 쉽다고 했다. 실제로 그는 실제 성격을 아는 몇몇 연기자를 데리고 정장이 아닌, 실제 성격에 맞는 옷을 입히고 그들 성격이 드러나는 표정을 포함한 프로필 사진을 가지고 오디션을 보도록 권하고 있다고 한다.

퍼스널 브랜딩을 하려는 우리도 마찬가지다. 사람들에게 어떤 이미지로 각인되는지가 더 중요하다면 나를 잘 포장하여 드러내는 행위로만 빠져서는 안 된다.

훌륭한 개인 브랜드는 전문가의 모습에 인간미 있는 모습의 비율을 스스로 조절하며 균형을 맞춰야 한다. 퍼스널 브랜딩은 개인이 제공하는 그 분야의 전문 지식과 사람들에 대한 영향력, 그리고 인간적인 매력으로 완성된 브랜드이다.

브랜드가 가진 위력

자신이 좋아하는 일을 계속 하다 보면 자연스럽게 그 분야에 대한 자신만의 노하우가 생긴다. 이것이 일정 기간 지속되면 표현성(상품, 콘텐츠)을 갖추게 되고 그것을 브랜드라고 부를 수 있게 된다. 브랜드만의 색깔이 생기게 된다.

친구에게 소개팅을 해주기 위해 이야기를 꺼낼 때 제일 궁금한 것은 상대방이 하는 일과 나이일 것이다. "구글에 다닌대."라고 이야기하면 상대방에 대한 소개는 프리패스일 정도로 브랜드 이름이 갖는 위력은 대단하다.

'구글에 다닌대'라는 말 안에는 구글은 세계적인 IT기업이니 그 기업에서 뽑은 '세계적인 브레인'일 것이라는 생각으로 직결된다. 또 '해외 대학교에서 공대를 졸업했을 거야'라는 생각도 든다. 그렇게 생각하고 싶지 않아도 이미 내 머릿속에서는 그 사람에 대한 평가는 끝났다.

내가 명품 브랜드 회사에 다닐 때, 명품 브랜드 업계가 고질적으로 겪는 문제에 대해 고민하는 시간을 가진 적이 있었다. 바로 브랜드 상품을 그대로 따라 만드는 '짝퉁'과의 전쟁이었다. 예전에는 글씨가 하나 빠져 있는가 하면, 보면 티가 날 정도의 퀄리티 차이가 났는데 이제는 거의 구분이 어려울 정도로 비슷하게 나온 상품들이 더러 있었다.

본래 '짝퉁'은 유명한 상품만을 만들기 때문에 인기가 있는 브랜드라면 어느 정도 예상을 하고 있어야 하지만 그렇다고 그대로 보고만 있을 수는 없었다. 브랜드는 그 진품과 가품을 구분하기 위한 방법을 고심해냈다. 그 중 하나는 상품에 붙어 있는 라벨에 그 상품을 만든 장인의 고유번호를 붙이기로 한 것이었다. 그 번호를 통해 진품과 가품을 쉽게 구분해낼 수 있을 뿐 아니라, CS의뢰 시 누가 만든 상품에 문제가 발견되면 피드백이 가능해지기 때문에 일석이조였다. 그리고 우리는 매장 직원에게 교육을 시켰다. 상품의 라벨을 보여드리며 이 번호가 장인들의 고유번호라는 것과 진품이라는 증거라고 말이다.

그렇다고 '짝퉁'의 숫자가 줄어드는 것은 아니었다. 그러나 신기하게도 충성고객들은 늘어나고 있었다. 브랜드의 신뢰도가 커진 것이다. 아무리 똑같이 만들어도 매장 안에서 브랜드 상품의 구매 경험과 듣는 이야기도 함께 구매하면 그 상품에 스토리가 더해져 더 소중하게 느껴진다는 것이었다.

삼성폰을 쓰는 사람은 계속 삼성폰을 쓰고 아이폰을 쓰는 사람들은 계속 아이폰을 쓴다. 그들은 각 핸드폰의 가성비를 일일이 따질까? 대부분은 한번 좋다고 생각하면 계속 그 브랜드의 상품을 기다렸다가 구매한다. 그 브랜드에서 나온 상품의 '색깔'이 나와 맞기 때문이다. 브랜드가 갖는 위력은 사람의 이성적이고 논리적인 생각 회로를 멈추게 만들 만큼 대단하다.

브랜딩에 대한
몇 가지 오해들

퍼스널 브랜딩을 비롯한 브랜딩이 확산되면서 어느 분야든 브랜딩을 하는 것을 당연시하게 되었다. 그러나 자칫 브랜딩과 마케팅을 혼동하여 보여주기 식이나 영업 식으로 접근해서는 안 된다. 브랜딩은 공식화 되어 있는 것이 아니다. 이렇게 해야만 한다는 정답이 없다. 성공적인 브랜딩을 효과적으로 실천하려면 몇 가지 오해에서 벗어나야 한다.

이미지 : 예쁘고 돈 많고 끼가 있어야 한다?

퍼스널 브랜딩하면 떠오르는 사람들이 연예인이나 정치인들의 모습이다. 최근에는 SNS상에 인플루언서들도 퍼스널브랜딩을 하여 모습을 드러내곤 한다. 퍼스널 브랜딩의 필요성에 대해 이야기하면 이렇게 이야기하는 사람들이 있다.

"전 그 사람처럼 예쁘지 않아요."
"인플루언서들처럼 돈이 많지 않으니 보여줄 것이 없어요."
"성격이 소극적이고 소심해요."

SNS의 인플루언서들을 보면 실제로 예쁘고 마네킹 같은 몸매에 피부는 모공 하나 없는 사람도 있다. 연예인보다 더 예쁜 인플루언서들도 있다. 팬층도 두텁게 형성되어 있어 연예인보다 더 광고효과가 좋은 인플루언서도 있다. 여기서 알아두어야 할 사실은 우리가 모두 이렇게 아름답고 예쁜 이미지의 인플루언서의 모습을 지향할 필요가 없다는 것이다. 우리가 퍼스널 브랜딩이나 브랜딩을 하는 목적이 자신의 아름다운 모습을 드러내고 싶어서인지 생각해보아야 한다. 물론 예쁘고 멋있는 모습이 눈에 보이는 모습만 부각되는 SNS에서 유리할 수 있으나, 그 속에 메시지가 없으면 사람들과 소통이 제대로 이루어지지 않게 되어 오래갈 수 없다.

SNS 초창기에는 예쁜 사람들이 빠르게 인기를 얻어 인플루언서가 되기 쉬웠다. 그러나 지금은 예쁜 사람이 너무 많다. 잘 가꾼 모습을 올리고 싶어서 사진을 찍는 법과 보정하는 법, 카메라 필터를 쓰는 법들을 배우기도 한다. 이렇게 잘 꾸며진 사진들도 흔해졌다. 단지 보여주기 위해 예쁜 사진을 올리는 것은 브랜딩의 해답은 아니다.

찾아보면 실제로 자신의 얼굴을 드러내지 않고 활동하는 인플루언서들이 많다. 또한 명품 브랜드 사진 한 장 없어도 소통을 잘 하고 있는 인플루언서들도 많다. 오히려 너무 예쁜 척을 하거나 자신이 구매한 것들을 자랑하기에 바쁘다면 사람들은 금방 질려버린다. 오히려 자신의 모습을 솔직하게 더 매력적으로 다가올 수 있다.

또한 너무 바르고 얌전한 이미지만을 내세우는 것도 브랜딩의 정석이 아니다. 누구나 장점이 있으면 단점도 있다. 모든 것을 잘하는 것처럼, 모든 부분에 얌전한 성격인 것처럼 보이지 않아도 된다.

H는 SNS를 통해 살림 용품을 공동구매로 판매하고 있다. 보여지는 이미지와 다르게 실제 그녀는 집안일과 정리에 소질이 전혀 없다. 요리도 못했다. 그런데 보통의 인플루언서 엄마들이 그러한 것처럼 똑 부러지는 주부의 모습이 아니라 고민이 되었다. 살림과 요리를 잘하는 모습을 보여야만 사람들의 신뢰를 얻을 수 있을 것이라 생각했기 때문이다. 그녀가 잘하는 것은 집안일보다 남편과 아이들과 함께 있는 시간을 즐기는 것뿐이었다.

처음에는 잘 정돈된 공간 한 군데에서만 사진을 찍었다. 살림과 요리를 좋아하는 '좋은 엄마, 좋은 아내'의 모습을 보여주기 위해 노력했다. 자신의 진짜 모습이 아닌 보여주기 위한 모습을 찍다 보니 스스로도 재미가 없어지고 소재도 다 떨어졌다. 이렇게 SNS를 통해 마켓을 운영하는 것이 적성에 맞지 않다고 생각하고, 부담 없이 편안하게 SNS를 해야겠다는 생각에 자신의 진짜 모습을 커밍아웃하였다. 청소를 매우 귀찮아하는 모습, 아이들과 그냥 재미있게 노는 모습을 솔직하게 드러내자 그녀의 피드에는 다시 생기가 돌기 시작했다. 이런 귀차니즘의 그녀가 추천하는 아이템들이 집안일을 줄여준다는 이미지가 생겨 오히려 매출이 전에 비해 늘었다.

운명적 동기 : 행운이 따르는 사람은 따로 있다?

자기 일을 하거나, 스타트업을 창업하는 사람들의 이야기를 들으면 그 일을 시작하게 된 동기가 있다. 그 동기에 대해 듣거나, 사업을 진행해가는 과정을 보면 창업자가 너무 멋있어 보이곤 했다. 그리고 나는 그 일을 하고 그 사업을 진행하는 모든 과정이 그 사람한테 어떤 행운의 기회가 주어져서 가능한 줄 알았다. 그래서 나에게도 영화처럼 어떤 운명적인 만남같이 동기가 생기고 기회가 주어지는 줄 믿었다. 마치 영화가 시작되고 운명처럼 엄청난 동기가 생기는 사건이나, 영화 중간에 승기를 잡을 수 있는 반전같이 말이다.

하지만 운명적 반전은 없었다. 매일 똑같은 삶이 기다리고 있었다. 사주에서 '몇 년도엔 좋아진다'고 말해준 해가 되어도 바뀌는 것이 없었다. 매일 하는 것 없이 '때'만을 기다리고 있었다.

왜 그때는 지금 움직이지 않으면 아무것도 변하지 않을 것이라는 당연한 사실을 깨닫지 못했을까? 왜 나는 내가 하는 일에 대한 결과가 있을 것이라는 것을 무시하고 팔자 탓만을 해왔을까? 왜 노력을 한들 아무런 변화가 없을 무의미한 짓이라고 확신했을까?

나 스스로 변화를 하기 위해 마음을 먹었을 때, 제일 먼저 한 것은 유튜브의 오락성 채널의 구독을 모두 끊은 것이다. 이 작은 변화조차 처음에는 정말 어려웠다. 이렇게 해서 달라지는 것이 있을까 싶기도 했고, 그냥 이렇게 사는 것도 나쁘지 않다는 무기력한 생각이 나를 유혹했다.

처음에는 이렇게 긍정적으로 마음을 먹고 움직이니까 '얼마 걸리지 않아 목표를 달성하겠지'라는 생각에 기대가 너무 컸다. 하지만 현실의 벽은 높았다. 나는 마음을 바꿔 결심을 하고, 무슨 일이든 시작한 것이 굉장히 큰 변화처럼 느껴져 결과도 당연히 크게 올 것이라 착각했다. 아무것도 얻은 것 없이 끝날까 봐 걱정이 되었다. 이것이 내 한계일까 봐 두렵기도 했다.

계획을 전면 수정했다. 목표를 작게 축소해 시작했다. 내가 할 수 있는 것에서 한 걸음 더 나가면 목표를 달성할 수 있도록 했다. 5년 뒤의 희망 사항보다는 현재 해야 하는 일에 집중했다. 그리고 하나씩 이루어 나갈 수 있었다.

눈사람을 만들어 본 적이 있는가? 처음에는 눈을 뭉치기도 힘들다. 한 주먹으로 뭉치기도 힘들 때, 무릎 높이만한 눈덩이를 기대하면 이루어질 리 없다. 눈사람을 만든 운명이라는 하늘의 계시도 없다. 눈만 있다면 만들기로 결심하는 것은 나의 몫이다.

천재적 재능 : 나에겐 재주가 없다?

"손재주가 하나도 없어요."
"거래처 사장님을 한 명도 몰라요."
"할 수 있는 것, 팔 수 있는 것이 아무것도 없어요."

어디서부터 어떻게 시작해야 할지 잘 모르겠다고 말하는 사람들이 많다. 물론 어느 분야에서든 마찬가지로 그 분야가 요구하는 최소한의 기준이 있다. 그리고 분야별로 요구하는 기준이 다르다. 연예계를 준비하는 사람에게 요구하는 재능의 기준과 자신이나 나의 일을 하려고 하는 사람에게 요구하는 재능의 기준이 다르다는 것이다. 그렇다면 내 일을 하기 위한 재능은 어느 정도 필요할까. 내가 생각하는 답은 우리 모두이다.

나의 일을 하고자 하는데 우리는 모두 일론 머스크나 빌 게이츠와 같이 천재적인 재능으로 시작할 필요가 없다는 것이다. 의사와 변호사처럼 어떤 전문 국가자격증을 가질 필요도 없다. 내 재능이 아무리 애매해도 나의 일을 얼마든지 찾을 수 있다.

천재적인 재능보다 더 중요한 것이 있다. 바로 지속적으로 지치지 않고 하는 힘이다. 때론 천재적인 재능을 가지고 있는 잘하는 분야보다 애매하더라도 내가 재미있게 할 수 있는 분야가 더 오랫동안 지속할 수 있을지 모른다. 내가 살면서 하는 일이 삶과 균형을 이루고 일치가 되었을 때, 나 스스로 재미가 있으면서 만족도가 높은 삶을 살 수 있다.

브랜드를 만드는 4단계
: 생성 · 시험 · 대중화 · 인식

어느 분야든 그 그룹을 이루고 있는 내부에서는 각 구성원들의 역할이 있다. 가장 작은 그룹인 집에서도 마찬가지이다. 각 집마다 아빠와 엄마의 역할이 있고, 아이들의 역할이 있다. 그리고 그 구성원들이 하모니를 이루었을 때 하나의 그룹으로 보이고, 그 그룹만의 색깔이 드러난다.

브랜드는 하루아침에 만들어지는 것이 아니다. 몇백 년 이상의 역사를 가지고 있는 명품브랜드들도 하루아침에 지금의 브랜드 이미지가 형성된 것은 아니다. 분명히 이 명품 브랜드들이 생겼을 당시에도 많은 상인들이 만들어낸 다른 상품들이 많았을 것이다. 지금 이야기하는 명품브랜드들이 그 시대에 만들어진 단 하나의 브랜드이기 때문에 지금의 명품 브랜드가 된 것이 아니다. 이렇게 오랫동안 유지될 수 있었던 것은 바로 브랜드 아이덴티티가 명확하고 오랜 세월 동안 그것을 지켜왔기 때문이다. 세계3대 패션브랜드를 예로 브랜드가 형성되어가는 과정을 살펴보자.

① 브랜드 생성

이 단계는 브랜드의 초기 단계로 아직 브랜드 정체성이 확립되지 않을 때이다. 어떤 점이, 어떤 상품이 대중들에게 반응이 있을지 모르는 단계에서 아이템을 만들어낸다.

에르메스는 프랑스 명품 패션 브랜드 중에서도, 세계 최고 명품 브랜드 중에서도 최고라고 평가받은 브랜드이다. 에르메스는 19세기경 티에리 에르메스가 만든 브랜드로 원래 마구를 만드는 브랜드였다. 그는 마차에 필요한 도구와 안장 등 고급 마구 제품들을 만들었고 상품의 정확성을 위해 철저히 노력해왔다. 1837년 프랑스 파리의 마들렌 광장에서 에르메스를 창업한 것이 브랜드의 시작이었다.

샤넬은 '모든 여성들에게 아름다움을'이라는 여성해방의 브랜드 아이덴티티를 가지고 시작한 브랜드이다. 브랜드 로고에서 보이는 모양은 두 개의 C를 겹쳐놓은 모양으로 Coco Chanel의 C를 겹쳐 표현했다. 1910년

"샤넬 모드(Chanel Modes)"라는 이름으로 모자가게를 오픈했고, 유명한 배우 가브리엘 도르지아가 모자를 쓰고 나와 샤넬의 이름이 유명해지기 시작했다.

루이비통의 시작은 1800년대로 거슬러 올라간다. 1821년 프랑스 안쉐라는 작은 마을의 목공 집안에서 태어난 루이비통은 어려서부터 목공기술을 익혔다. 어려서부터 파리에 대한 동경심이 있었던 그는 열네 살이 되던 해 집을 나와 걸어서 파리로 떠나게 된다. 당시 파리에서 그는 귀족들의 여행 짐을 싸는 일을 하며 돈을 벌었다. 당시 여행 가방은 보물 상자 모양의 위가 동그란 모양의 나무상자였는데 이 모양은 짐을 쌓기가 매우 어려웠다. 그는 목공 기술을 이용해 사각 상자 모양의 가볍고 쌓기 쉬운 여행 가방을 만들어 유명해졌고 그의 재능을 높이 산 외제니 황후의 후원을 받아 자신의 이름을 내건 '루이비통' 매장을 차릴 수 있게 되었다.

② 브랜드의 시험

이 브랜드가 사람들의 호응을 얻을 수 있을까? 매력적으로 다가갈 수 있을까?

이 질문에 대한 답을 구하려 실험하는 단계이다. 티에르 에르메스는 이 실험을 위해 1867년 세계박람회에 상품을 내놓았고, 결과는 1등이었다. 그 결과 그는 장인으로서의 능력과 섬세하고 튼튼한 상품을 인정받게 된다. 그의 탁월한 솜씨와 품질이 널리 알려지자 전 세계의 왕실과 귀족들에게 상품을 납품할 수 있었다.

샤넬은 당시 코르셋을 이용해 여성복을 만드는 것에 회의를 느껴 남성 정장 소재를 여성에게 적용시켜 '샤넬 수트'를 만들었다. 입기 편한 옷을 모토로 여성복을 만들기 시작했으며 답답하고 불편한 옷 대신 편안하고 활동적인 옷을 만들었다.

루이비통은 기존 여행 가방의 단점인 적재와 무게를 극복해 뚜껑이 평평한 '그레이 트리아농 캔버스'를 제작해 디자인 혁신을 일으켰다. 그의 재능을 닮은 아들 역시 도둑이 쉽게 훔쳐 달아나지 못하도록 트렁크에 자물쇠를 걸 수 있도록 개발해 일찍부터 유명해질 수 있었다.

③ 브랜드의 대중화

이후 티에리 에르메스는 손자인 에밀 에르메스에게 에르메스 하우스를 물려주게 된다. 에르메스 하우스를 물려받은 에밀은 미국의 자동차 산업을 본 후, 자동차와 여행 산업이 성장할 것을 예감하고 사업의 방향성을 확장시켜 가죽 가방과, 가죽 소품을 만들기 시작한다. 그리고 세계1차 대전이 끝날 무렵 큰 성장을 이루어내게 된다.

샤넬은 코르셋을 제거한 '샤넬 수트'를 만든 후에도 처음 시도한 것이 많았다. 대표적인 것으로는 트위드 자켓, 리틀 블랙 드레스, 그리고 향수가 있다. 트위드 자켓은 세계2차 대전 이후 샤넬이 복귀해 만든 자켓으로 기존의 '샤넬 수트'를 리뉴얼해 내놓았다. 실용성과 우아함을 겸비한 트위드 자켓이었다. 당시 프랑스에서는 진부하다고 혹평을 받은 반면, 미국에서는 패션의 혁명이라는 평가와 함께 엄청난 고가에 판매가 되었다.

두 번째 '리틀 블랙 드레스' 또한 샤넬의 역작이다. 고아원 출신의 샤넬은 블랙 컬러를 샤넬의 대표 컬러로 사용했는데 당시에는 장례식에서만 입는 불길한 색깔이었다. 그러나 샤넬은 블랙 컬러야말로 변치 않은 가치를 상징하고, 우아함의 정수라며 계속해서 블랙 컬러의 옷을 선보였고, 그 이후 블랙 컬러는 우아함의 상징이 되었다. 블랙 컬러로 활동하기 편한 미니 드레스는 대중적인 패션이 되었다. 역시 보그 패션지에서는 현대 여성들의 작업복 같다는 의미로 '샤넬의 포드'라 불리기도 했다.

마지막으로 샤넬의 대표적인 향수로 유명한 '샤넬 넘버 5'도 그동안 없었던 혁신적인 것이었다. 최초로 인공 향인 알데하이드와 꽃향기를 섞어

내놓았는데 그 향이 굉장히 매혹적이어서 사람들에게 폭발적인 반응을 얻게 되었다.

　루이비통의 혁신적인 여행 가방은 아니에르라는 지역에 공방을 차리며 더욱 유명해졌다. 철도와 가까웠을 뿐만 아니라 트렁크 제작에 필요한 포플러 나무 원목과 같은 원자재를 나르기 쉬웠던 것이다. 이곳에서 루이비통은 어니스트 헤밍웨이를 위해 책과 필기도구를 보관할 트렁크를 제작했다. 이후 더욱 유명세를 얻어 다양한 분야의 유명인을 위해 맞춤제작 트렁크를 의뢰받아 만들기 시작했다.

④ 브랜드 인식시키기

　이것은 브랜드의 완성도를 얘기할 때 브랜드 이미지를 구축하는 과정이다. 브랜드에 대한 인지도가 높아졌다면 시장영역을 확대하거나 브랜드 이미지를 확고하게 구축하기 위해 필요한 과정이다. 여기서 자신의 전문성과 시장성, 그리고 소비자를 고려하여 구축해야 한다. 그리고 인지도를 유지하기 위해 꾸준히 노력한다.

　샤넬의 경우, 처음부터 혁신적인 디자인과 여러 가지 시도로 비난과 함께 폭발적인 반응이 함께 있었다. 샤넬은 비난을 받으면서도 철학을 지켰고 칼 라거펠트에 의해 더욱 발전시켰다.

루이비통의 아니에르 공방에서는 지금도 제품을 만든다. 170명의 장인
은 가죽 제품 디자인과 제작을 도맡아 역사적인 전통을 지켜내고 있다.

브랜드 스토리는
강력한 무기가 된다

스토리 없는 브랜드는 매력이 없다

"인간과 진실 사이의 최단거리는 스토리다."

– 앤서니 드 멜로

우리는 이야기하길 좋아한다. 친구들끼리 모이면 끊임없이 이야기를 이어나간다. 오랜만에 보는 친구와도 과거의 이야기를 회상하며 그 친구와의 관계를 다시 돈독히 다진다. 초등학교 동창회나 중학교 동창회를 나간다고 상상해보자. 몇 년 동안 만나지 않았어도, 만나면 그때의 감성이 되살아난다. 살고 있는 현재의 근황보다 그때 있었던 일들을 이야기 하느라 몇 시간은 훌쩍 지나간다.

이와 반대로 사이가 좋지 않은 친구를 거리에서 우연히 만났다고 상상해보자. 횡단보도에서 신호를 기다리고 있는데 반대편에 서 있는 사람이 어딘가 낯익다. 자세히 보니 학창시절에 사이가 안 좋았던 친구라면? 반가운 마음보다 그때의 감정이 먼저 떠오른다. 심장박동수가 올라가기도 한다. 인사를 해야 하나 고민도 하게 된다. 저 친구는 나를 아직 발견하지 못한 것 같다. 신호가 바뀌어 횡단보도를 건너야 한다. 못 본 척 시선을 피해 지나치기 쉽다.

브랜딩에서도 비슷하다. 브랜드와 사람들 사이에 스토리로 연결이 되어 있으면 사람들의 브랜드에 대한 신뢰도가 높아진다. 생각해보면 우리는 친구가 추천해주는 보험 상품에 대한 설명은 귀담아듣지만, 영업을 하기 위한 직원의 설명은 대부분 처음부터 듣고 싶지 않은 경향이 있는 것과 같다.

우리는 어떻게 하면 브랜드와 소비자를 연결하는 스토리를 만들고 전달할 수 있을까? 먼저 진짜 이야기여야 한다. 사람들은 브랜드가 영웅이 되어 지구를 구하는 이야기를 기다리는 것이 아니다. 또 혁신적인 이야기가 아니어도 좋다. 작은 에피소드라도 브랜드의 진짜 이야기여야 한다. 스토리를 이야기하는 목적이 브랜드의 아이덴티티를 뒷받침해주고 풍성하게 해주는 역할이라는 것을 잊지 말아야 한다. 둘째 소비자들에게 호감이 갈 수 있는 이야기를 해야 한다. 모든 이야기가 재미있는 것은 아니다. 장르는 무조건 코미디여야 한다는 얘기가 아니다. 작은 이야기도 구체적인 디테일과 메시지가 있어야 재미있다고 느껴진다. 마지막으로 가장 중요한 것은 브랜드와 스토리가 연결되어야 한다는 것이다.

　재미있는 스토리가 준비되었다면, 사람들과 소통을 하며 이야기를 자연스럽게 들려주어야 한다. 대화를 나누지 않고 자기 말만 하는 사람은 만나기가 싫은 것처럼 하고 싶은 말만 해서는 역효과가 나기 쉽다. 우리는 소비자들 앞에서 상품에 대한 교육을 하는 것이 아니다.
　스토리의 최대 장점은 재미있고 생생해 마치 직접 경험을 하는 것 같은 착각이 들기도 한다는 것이다. 스토리로 하여금 같은 경험을 공유하게 되는 것이다. 그렇게 마음을 열고 생각을 바꾸어 공감을 한다. 이렇게 스토리는 다른 사람들에게 영향력이 있다.

　스토리의 주인공이 평범하다고 걱정할 필요가 전혀 없다. 우리는 스토리라고 하면 뭔가 극적인 일을 하는 영웅과 같은 슈퍼히어로를 떠올리는 경향이 있다. 그것보다는 브랜드의 가치를 전할 신념이 있는 캐릭터가 더 중요하다. 진실한 감정을 가지고 상황을 디테일하게 설명해야 한다. 주구장창 설명하는 것이 아닌 중요한 에피소드 하나를 이야기해도 좋다.

브랜드를 만든 사람들의 스토리를 풀어라

모든 브랜드에는 그 브랜드를 시작한 창업자가 있다. 그리고 그 창업자는 어떤 계기로 브랜드를 만들게 되었는지 스토리를 가지고 있다. 창업자가 브랜드를 만들기 전에 기획하게 된 스토리가 있을 수 있고, 브랜드를 만드는 과정의 스토리가 있을 수 있다. 브랜드를 런칭하고 사업을 해내는 과정의 스토리도 있을 수 있다. 창업자의 어린 시절의 에피소드도 있을 수 있다. 그야말로 창업자의 스토리는 무궁무진하다.

미국의 ABC 채널에 〈샤크 탱크〉라는 사업 오디션 프로그램이 있다. 말 그대로 사업 아이템을 가지고 오디션의 형식으로 진행된다. 창업자는 자신의 상품을 가지고 나와 심사위원들 앞에서 발표하고 심사위원들은 그 상품에 투자하는 형식으로 진행된다.

많은 기업들이 이 프로그램에 나와 투자를 받았지만, 그중에서 평범해 보이는 상품임에도 투자를 받는 데 성공한 기업이 있다. 미국 언론들은 '지구상에서 가장 빠르게 성장한 기업'이라고 부르며 〈샤크 탱크〉 방송 시작 이래 가장 성공한 기업으로 꼽았다. 바로 '스크럽대디'이다.

'스크럽대디'는 겉으로 보면 평범한 수세미를 만드는 기업이다. 수세미에 스마일 모양의 구멍이 뚫려 있고 윗부분은 머리카락처럼 뾰족뾰족한 모양을 하고 있다는 것 외에는 별 특별한 점을 찾지 못했다. 게다가 수세미는 더럽고 냄새가 난다는 선입견까지 있어 사람들에게 좋은 이미지를 주기 어려운 상품이었다.

'스크럽대디'의 CEO인 크라우스는 평범하고도 이미지가 좋지 않은 수세미를 가지고 이렇게 이야기를 풀어나간다.

"자동차 광택 패드 사업을 2008년 3M에 매각했다. 스크럽대디 제품도 함께 팔려고 했지만 3M이 거절했다. 스크럽대디는 그 후 5년 동안이나 공장에 처박혀 먼지를 뒤집어쓰고 있었다. 어느 날 아내가 가구 청소를 시켜 3M 수세미로 가구를 박박 문질렀는데 페인트칠이 벗겨지고 말았다. 문득 스크럽대디가 생각나 이참에 쓰고 버리려 했다. 그런데 써보니 가구에는 손상을 입히지 않고 정말 잘 닦이는 것이 아닌가. 설거지하기에도 딱이었다. 구멍을 이용해 접시와 포크 등을 손쉽게 닦을 수 있었다. 한국의 젓가락도 구멍에 넣어 쉽게 닦을 수 있다. 2012년 '스크럽대디' 회사를 만들고 수세미로 팔기 시작했다. 지금은 미국에서 인지도 3위의 수세미 브랜드가 됐다. 수세미 시장 점유율이 85%인 3M의 몇 안 되는 경쟁자다."(WEEKLY BIZ, 2018.07.28.)

아무도 신경 쓰지 않았던 수세미를 가지고 이렇게 진솔한 스토리 텔링을 하니 스크럽대디의 매출은 상승했고, 수세미에 대한 이미지도 바뀔 수 있었다. 현재 스크럽대디는 여기에서 멈추지 않고 새로운 상품을 출시하기 위해 노력하고 있다.

브랜드의 아이덴티티에 대한 스토리를 풀어라

"마케팅의 핵심은 더 이상 당신이 만드는 물건이 아니라, 당신이 들려주는 이야기다."

명품 브랜드들은 자신의 상품이 얼마나 가치 있는지를 이야기를 통해 전달하는 대표적인 브랜드다. 명품 브랜드가 광고에 나와 자신의 상품을 사라는 '영업성 멘트'를 하는 경우는 찾아볼 수 없다. 오히려 말보다 이미지를 활용해 보여주거나, 값비싼 제본을 한 책을 통해 브랜드에 대한 스토리를 알린다. 어느 브랜드도 그들의 상품의 장단점을 말로 설명하고 있지 않다. 사라는 권유조차 없다. 화려하고 고급스러운 이미지와 브랜드 네임, 슬로건, 그리고 스토리가 전부이다. 왜 사람들은 사라고 권유하지도 않는 명품 브랜드의 상품들을 그렇게 사고 싶어할까? 누구나 브랜드의 상품이 가성비가 좋지 않다는 것을 알면서도, 아무리 짝퉁의 기술이 늘어도 명품 브랜드의 매출은 추락하는 일이 없다. 바로 스토리와 이미지를 통해 가치를 전달하고 사람들의 욕망을 건드리기 때문이다.

명품 브랜드를 만들라는 것이 아니다. 명품 브랜드의 브랜딩 전략을 참고해보자는 것이다. 내가 전하는 마케팅 메시지가 구매로 이어지지 않는다면, 상품의 진정한 가치에 대해 이야기하고 있는지를 살펴보아야 한다는 것이다.

  벌써 9년 전의 이야기다. 남편과 결혼 준비를 하고 있는데 식장에서 사진을 찍어줄 출장 스튜디오 업체를 찾고 있었다. 찾아보니 정말 많은 업체들이 있었다. 나중에는 그 사진이 그 사진 같이 보여 도저히 선택할 수가 없었다. 스튜디오들은 자신의 상품을 어필하기 위해 여러 가지 혜택들을 나열하고 있었다. 사진 몇 장을 더 찍어준다든지, 액자를 만들어준다든지, 얼마의 할인을 해주겠다는 업체가 많았다. 그때, 한 사진 업체가 눈에 들어왔다. 그 업체는 자신의 패키지 상품에 대해서 이야기하고 있지 않았다. 단지 홈페이지 대문에는 신부를 안고 눈물을 한 방울 흘리는 신부 어머니의 모습이 올라가 있었다. 심지어 신부의 얼굴도 아닌 신부 어머니의 모습을 찍어놓은 스튜디오가 단숨에 마음에 들었다. 그날의 분위기를 가장 잘 담아낼 것이라는 추측과 신부뿐만 아니라 주변 가족들도 찍는 섬세한 센스가 있어 보였기 때문이다. 이런 스튜디오에서 사진을 찍어준다면 신부와 신랑만 주구장창 찍은 것보다 만족도가 더 높을 것 같았다. 그리고 정말 만족스러운 결혼식 날의 사진을 남길 수 있었다.

  이미 업체는 너무 많다. 사람들은 이 업체의 서비스나 상품에 대해 일일이 비교하는 데 너무 많은 에너지를 써야 한다. 그러나 브랜드의 아이덴티티를 가지고 소통을 한다면? 브랜드를 처음 보는 사람들도 어렵지 않게 이해할 수 있다. 그 무엇과도 바꿀 수 없는 그 브랜드만의 가치로 스토리를 만든다면, 더 이상 흔한 브랜드가 아닐 것이다.

소비자의 피드백을 이용한 후기를 스토리로 풀어라

"스토리는 리더의 무기 창고에 있는 가장 강력한 무기다."

– 하워드 가드너

아무리 브랜드가, 창업자가 스토리를 이야기한다고 해도 소비자의 피드백이 스토리들과 연결되지 않는다면 역효과가 일어난다. 그간의 브랜드에서 이야기한 스토리가 모두 거짓이 되기 때문이다. 그만큼 소비자들의 구매 스토리를 담은 피드백은 브랜드의 입장에서 너무 중요하다.

인터넷 쇼핑을 하면 너무 많은 브랜드들이 있어 선택을 하는 데 어려움을 겪는다. 그럴 때 우리가 믿는 것은 다른 소비자들이 미리 사보고 경험해본 스토리, 즉 후기를 보는 것이다. 고객의 경험 스토리는 그 어떤 마케팅보다 강력하다. 그 이유는 바로 같은 입장에서 사서 사용해보았기 때문이고, 그 이야기는 만들어내지 않았다는 신빙성이 있기 때문이다. 잠재고객들에게는 소비자들이 이야기하는 것은 추천으로 들리고, 브랜드에서 같은 이야기를 하는 것은 영업으로 들린다. 이 때문에 소비자들의 브랜드 경험 스토리는 그 어떤 것보다 가치가 있다.

소비자들이 같은 소비자들의 후기를 믿는 이유는 무엇일까? 소비자들이 상품을 보고 판단할 때, 의심스러운 부분을 해결해주기 때문이다. 스토리를 전달하는 주체가 소비자이기 때문에 같은 입장에서 써본 사람의 말을 전적으로 신뢰할 수 있게 된다. 리뷰를 남긴 사람과 비슷한 상황에 놓인 소비자에게 더 강력한 영향력을 행사할 수 있다.

소비자들은 경험이 많다. 그런데 내 경험뿐만 아니라 다른 사람의 경험도 들을 수 있다면? 다른 소비자들의 리뷰는 소비자들의 상품에 대한 정보를 더 많이 가지고 있게 된다. 그리고 그 힘은 그 어떤 마케팅보다 힘이 세다.

05

독보적인 브랜드
아이덴티티를 만들어라

독보적인 브랜드 아이덴티티

독보적인 브랜드들을 보면 그들만의 아이덴티티, 즉 정체성이 있다. 이 브랜드 아이덴티티는 다른 브랜드와 나의 것이 구분될 수 있는 내 브랜드만의 특별함이다. 샤넬은 여성 해방을 키워드로 옷을 만들어 다른 여성복과는 차별점을 두었다. 루이비통은 튼튼함을 키워드로 상품을 만들었다. 이를 증명하기 위해 가방에 물을 넣어 새는지를 확인했다고 한다.

브랜드가 핵심 아이덴티티를 가지고 있다는 것은 다른 브랜드와의 차별점도 되지만 이 브랜드의 존재의 이유이고, 소비자로 하여금 이 브랜드의 상품을 소비하게 만드는 이유가 된다.

브랜드 아이덴티티는 다른 모든 것을 포기하더라도 절대 포기할 수 없는 그 무엇이어야 한다. 브랜드 아이덴티티를 찾기 위한 질문은 "왜 이 브랜드여야 할까?"이다. 이것에 대한 답을 얻기 위해 아래 질문들에 답을 해보며 찾아볼 수 있다.

- 나의 경력과 앞으로의 비전이 포함된 키워드는 무엇인가?
- 나의 경험을 통해 전달하고 싶은 키워드는 무엇인가?
- 다른 사람들과 차별화된 특별한 키워드가 있는가?
- 이 가치를 지키기 위한 의사결정을 할 수 있는가?

나의 경우, 퍼스널 브랜드로서의 역할은 '브랜딩 컨설턴트'이고 내 브랜드를 포함한 여러 브랜드를 기획하는 기획자다. 집에서는 세 아이의 엄마이고 아내의 역할도 하고 있다. 여러 가지 역할들을 하나로 묶을 수 있는 키워드는 바로 '주체적 자아'였다. 몇 년 전까지만 해도 나는 '나'없이 간판으로 사는 불안한 삶을 살았다. 스스로 돌아보기가 힘들 정도로 자존감이 낮고 공상을 하며 살았다. 셀프 브랜딩을 하며 스스로 알아낸 것들을 다른 사람들과 나누고 싶은 마음이 컸다. 그리고 다시 브랜딩을 하니 하나의 주제로 연결이 되는 것을 느꼈다.

브랜드 아이덴티티가 결정되었다면 이것을 유지할 수 있는 힘이 있어야 한다. 이것을 바로 '브랜드 철학'이라고 한다. 회사나 창업자가 '철학이 있다. 없다'를 결정하는 요소는 무엇일까? 그것은 '브랜드를 만든 주체자가 브랜드에서 고집스럽게 지키는 핵심가치를 끊임없이 실현시키는가?'의 여부라고 할 수 있다. 핵심가치는 나의 재미를 위한 가치여서는 오래가기 힘들다. 다른 사람을 포함한 핵심가치는 사람들을 끌어모은다. 소위 대의명분이 있어야 사람들이 모이듯 미션을 세워 대의명분을 세워보자. 일꾼은 일급을 위해 모이지만 인재는 사명감으로 모인다.

핵심가치는 매우 중요한데 미션보다 더 내재화하기 어렵다. 핵심가치는 돈을 벌 수 있는 다른 기회가 있을 때도 이것 대신 선택할 배짱이 있어야 하는 가치이다. 이 핵심가치는 브랜드의 의사결정을 하는 데 중요한 기준이 된다. 그리고 핵심가치가 흔들릴 만큼의 위기도 수시로 드나든다. 도전방법과 전략은 수시 때때로 바뀔 수 있지만 핵심가치는 바꾸지 못한다.

또한 핵심이 되는 브랜드 아이덴티티를 가졌다면 그것을 지킬 수 있는 힘이 중요하다. 그렇게 했을 때 그 브랜드만의 성격과 문화가 형성될 수 있다.

브랜드 아이덴티티가 두루뭉술하다면

과연 브랜드의 초기부터 브랜드의 아이덴티티를 확립하는 것이 가능할까. 퍼스널 브랜딩의 경우, 자신의 정체성으로부터 시작하기에 정체성을 잡기가 더 수월하다. 그러나 여러 명이 모인 브랜딩의 경우, 이야기가 좀 다르다. 제품 및 서비스를 개발하는 과정에서 상품의 차별화, 서비스의 차별화 등 결정해야 할 문제가 한두 가지가 아니다.

좀 더 섬세한 브랜딩, 그리고 브랜드 아이덴티티를 확고하게 지키기 위해서는 정확한 단어가 필요하다. 마치 머릿속에서 상상하고 있는 것을 실행해 옮기기 힘든 것처럼 정확한 단어로 이루어지지 않은 브랜드 아이덴티티는 실행되기 어렵다.

브랜딩을 하고자 사람들을 만나서 이야기를 해보면 종종 너무 넓은 범위가 아이덴티티를 말씀하시곤 한다. "사람들의 아름다운 삶을 위해", "이 상품(지역상품)으로 마을을 활성화하기 위해", "K식품을 해외에 알리기 위해" 만든다고 말이다. 이런 마음으로 만든 상품들은 정작 어느 누구의 마음을 사로잡기에는 애매한 것들이 많다.

작은 것부터 점점 범위가 넓어지는 것은 가능하지만, 브랜드가 처음부터 그렇게 전국적으로 사람들의 마음을 확 끄는 것은 거의 불가능에 가깝다. 브랜드는 하루아침에 사람들에게 인식되는 '작업'이 아니기 때문이다. 브랜드의 첫 시작은 고객 열 명을 만족시키는 것부터 시작되어야 한다. 이런 말을 들을 때면 나의 정체성부터 다시 돌아가 같이 짚곤 한다.

브랜드 네임 정하기

위의 미션과 솔루션을 정리했다면 여기서 공통된 단어나 가치의 의미를 담을 수 있는 브랜드 네임을 정해야 한다. '이름값'이란 말처럼 브랜드 네임은 그야말로 브랜드를 대표하는 얼굴이자 시작부터 끝까지 불려지게 될 중요한 이름이다. 한번 인식이 된 이름을 중간에 바꾸기가 어려우니 처음부터 신중하게 결정해야 한다.

1. 브랜드에 대해 강력하게 인식시킬 수 있다.
2. 브랜드에 신뢰가 생기면 그 브랜드에서 생산해내는 상품에 대한 신뢰도 저절로 생긴다.
3. 브랜드의 방향성을 잃었을 때 중요한 이정표가 되어준다.

브랜드 네임을 정하기 가장 쉬운 방법은 자신의 이름으로 만드는 것이다. 해외의 패션 브랜드나 화장품 브랜드에서 많이 볼 수 있다. '샤넬', '에르메스', '고야드' 같이 가문의 성을 딴 이름도 있고, '톰포드', '필립림'과 같이 이름을 딴 브랜드도 있다. 이름을 걸고 브랜드를 만들어 유일무이

하고 이름에서 신뢰도가 쌓인다.

다른 추천하는 방법은 브랜드가 연상되는 단어들을 조합하는 것이다. 또는 의성어나 의태어를 사용해 브랜드의 느낌을 표현해도 좋은 방법이다.

그러나저러나 이름이 브랜드를 표현해주기보다 어떻게 하는지 그 결과물이 이름을 만들어간다고 생각한 곳도 있다. 바로 '프릳츠' 커피다. 한글의 고어체로 적혀 있어서 어색하게 읽어보면 영어단어인 것 같기도 한이 브랜드 네임은 정말 특이하다. 아래는 『창업가의 브랜딩』에서 나온 프릳츠 브랜드 네임에 대한 설명이다.

"프릳츠의 브랜드 네임은 큰 의미는 없어요. ⋯ 제가 커피를 좋아하는 진짜 이유는 커피는 '맛있어 보이는'게 없어서예요. 맛있어 보이는 음식은 아니잖아요. 반드시 먹어봐야 맛을 알 수 있죠. 그런게 진짜 커피의 매력입니다. 오로지 결과물에 집중하는 이유는 사실 그거에요. 결과물로만 판단할 수 있으니까요.

이름도 비슷한 선상에서 지었어요. 아무렇게나 지어도 된다는 생각으로요. 와서 드셔봐야 하니까요. 이름이 어떻든 저희가 하는 게 이름을 만들어간다고 생각했어요. 저희가 하는 행동이 그 이름을 대변하는 것이죠. 다만 비틀즈처럼 고유명사화됐으면 좋겠다고 생각했어요. 이 단어를 들었을 때 우리를 떠올려줬음 좋겠다고. 가볍지도 않고 무겁지도 않고 영문 표기가 가능하며, 한국어로 표기했을 때 약간 낯선 느낌을 주고 싶다고 생각했죠."

-『창업가의 브랜딩』 중에서

브랜드 네임을 지을 때 주의해야 할 점도 있다. 정치적이나 종교적, 인종적, 남녀평등이나 동물보호 등 사회 통념에서 벗어나는 브랜드 네임은 피해야 한다. 사람들은 기획자의 실제 의도보다는 보이는 것을 믿으려 할 때가 많다. 브랜드 네임에 대한 인식이 좋지 못하면 긍정적으로 끌어올리는 데 어려움을 느낄 것이다.

브랜드 네임을 몇 가지 정해봤다면 키프리스라는 사이트에 가서 등록된 상표인지 확인해야 한다. 그리고 내 브랜드가 법적으로 보호를 받기 위해서는 상표를 등록해놓아야 한다. 브랜드가 많이 생겨나고 있는 지금 먼저 상표등록을 한 사람이 그 이름을 사용할 수 있다. 따라서 브랜드 네임을 정했다면 상표 출원을 하는 것이 좋다.

디자인은 정말 중요하다
: 브랜드의 시각적 요소

로고 만들기

브랜드를 표현하는 시각적인 요소들은 정말 중요하다. 최근 들어 BI
나 CI라는 단어가 눈에 많이 들어온다. 그만큼 브랜딩에 대한 관심도
가 높아졌기 때문이다. 그러나 보통 BI(Brand Identity)와 CI(Corporate
Identity)는 브랜드의 정체성을 표현하는 로고라는 뜻으로 많이 쓰인다.
브랜드는 멋진 이름과 멋있는 디자인의 로고, 홈페이지 등으로만 차별화
를 할 수 없다. 쉽게 말해 이렇게 진짜 브랜드 아이덴티티가 없이 브랜드
네임이나 로고, 홈페이지만으로 차별화를 둔다면, 다른 브랜드도 금방

따라 할 수 있게 된다. 브랜드의 로고는 브랜드를 표현하는 매개체이지 본질은 아니다. 이것들을 이용해 브랜드의 아이덴티티를 시각화해 줄 뿐이다.

그렇다고 브랜드의 로고 등 시각적으로 표현되는 것들이 중요하지 않다는 것은 절대 아니다. 시각적인 것은 사람들이 접할 수 있는 일차원적인 것으로 그 무엇보다 중요기 때문이다. 또한 우리의 뇌는 이성적일 것 같지만 굉장히 감각적이다.

몇 년 동안 여러 개의 커피 프랜차이즈 브랜드들이 우후죽순 생겼다가 소리 소문 없이 사라지곤 했다. 그중에서도 몇 년 동안 한결같으며 지속적으로 성장한 브랜드는 스타벅스다. 신문기사에서 MZ세대가 스타벅스를 찾는 이유에 대해 '가짜 친환경은 극혐'하기 때문이라고 했다. 단지 로고의 디자인을 넘어 브랜드의 진정성을 본다는 것이다.

브랜드의 철학을 꾸준히 이야기들이 로고로 연결되었을 때, 사람들로 하여금 로고만으로 그 브랜드를 연상시킬 수 있다. 프릳츠의 커피맛이 브랜드 이름을 더 빛나게 해주는 것처럼 말이다.

브랜드는 결국 단순히 로고에 공을 들이는 시간에 광고 활동이 아닌 브랜드 가치와 그 가치를 담아낸 활동들을 생각해보아야 한다. 브랜드는 디자인을 통해 시각적인 효과를 주어야 하는 반면에 디자인이 모든 것을 통제해서는 위험할 수 있다. 따라서 우리는 브랜드의 디자이너가 되기보다는 기획자가 되어야 한다.

온라인으로 상품이 노출되는 지금, 기획력이 있으나 디자인이 부족하면 매력적으로 다가가기 힘들다. 온라인으로 구매할 때는 판단할 수 있는 감각이 시각밖에 없기 때문에 더욱 신경 써야 한다.

반면에 디자인은 훌륭한데 기획력이 약하면 논리가 약해 상품의 수명이 줄어들 수 있다. 또한 다른 사람들도 쉽게 따라 할 수 있다.

브랜드 컬러 결정하기

브랜드의 컬러를 정하는 것도 시각적으로 매우 중요한 요소이다. 브랜드만의 컬러를 가지면 그 컬러만 보고도 브랜드가 연상되기도 한다. 그 대표적인 예로 코카콜라의 빨간색과 스타벅스의 초록색을 들 수 있다.

특히 온라인 쇼핑이 많은 지금 직접 보고 판단할 수가 없기 때문에 눈으로 보이는 시각적 이미지가 매출로 연결되는 경우가 많다. 마켓컬리의 김슬아 대표는, 사업 초창기 때 오프라인의 고객들을 온라인으로 끌어들여 오기 위해 모바일 앱에 투자한 비용보다 올라갈 사진에 더 많은 비용을 들였다고 한다. 시각적으로 보이는 게 얼마나 중요한지 알기에 가능한 결정이다. 마켓컬리의 상품이 최저가는 아니지만 사진으로 보면 정말 퀄리티가 좋은 것이 눈으로 보여서 신뢰도가 생긴다.

브랜드의 컬러를 결정하는 데 참고하는 3가지의 방법이 있다. 컬러를 어떻게 정해야 할지 모르겠다면 아래 방법을 사용해보자.

첫 번째 방법은 다른 브랜드가 사용하고 있는 컬러를 참고해 사용되지 않은 컬러를 고르는 것이다. 다른 경쟁사 브랜드가 사용하고 있는 컬러들을 검색해본다. 그리고 어떤 색을 사용하고 있는지 한눈에 보일 수 있도록 표로 그려본다. 내 브랜드 포지셔닝을 그려보면 나와 비슷한 포지셔닝을 한 다른 업체들이 쓰는 컬러와 비교해볼 수 있다. 카페를 창업한다고 가정해보자. 기존에 있는 커피 브랜드의 로고와 로고 컬러를 비교해보면 사용되지 않는 컬러를 알 수 있다.

여기서 조심해야 하는 점은 컬러마다 연상되는 이미지나 느낌이 있다는 것이다. 예를 들면 식욕을 돋우기 위한 주황색, 마음의 안정을 위한 초록색, 긍정적이고 활력을 불러일으키는 노란색 등 말이다. 사용해서 역효과가 나는 색도 있다. 황록색은 식욕을 감퇴시켜 음식에 사용하는 컬러로는 적합하지 않다. 반대로 주황색이나 빨간색은 식욕을 연상시키는 색깔로 다이어트 목적의 로고에는 사용하기에는 적합하지 않다.

두 번째 방법으로는 그 브랜드가 사용되는 환경을 살펴보는 것이다. 영국의 길거리를 걷다 보면 사람들의 눈길을 확 끄는 상큼한 노란색 쇼핑백을 메고 길을 지나가는 것을 볼 수 있다. 이 쇼핑백을 들고 다니는 사람들을 보면 '어디 브랜드지?'라는 호기심이 저절로 생길 정도다. 이 쇼핑백은 영국의 셀프리지 백화점에서 만든 것으로 이 쇼핑백 컬러만으로도 백화점 홍보 효과는 대단했다. 우중충한 런던의 날씨에 대비되는 상큼한 노란색 컬러의 쇼핑백을 보는 순간 기분이 좋아졌다.

셀프리지 백화점은 영국의 혁신적인 백화점으로 유명하다. 셀프리지는 부인과 함께 유럽여행에서 영국의 가능성을 보고 49세의 나이에 영국으로 이민을 오게 된다. 당시 영국은 신분과 출신에 따라 소비시장이 엄격히 구분되어 있었다. 그는 백화점을 세우고 어두운 상점의 분위기를 밝고 환하게 바꾸었다. 외부 벽에 커다란 창을 만들었다. 안쪽에 숨겨두었던 상품들을 앞에 놓아 소비자가 직접 만지고 느끼고 향기를 맡을 수 있도록 바꾸었다.

백화점 최초로 1층에는 여성들의 제품들 위주로 매장을 꾸몄다. 그 전까지 향수나 화장품 악세사리는 1층에서 볼 수 없었다. 여성들의 욕망을 제대로 자극한 셈이다. 또한 백화점의 옥상에 정원을 만들거나 패션쇼를 열기도 하고 겨울에는 아이스링크를 만들어 사람들을 끌어왔다. '혁신적인' 시도는 쇼핑백에도 그대로 드러난다.

마지막 방법으로 브랜드를 연상시키는 여러 이미지들을 모아놓고 찾는 방법이다. 여러 권의 잡지를 준비한다. 브랜드가 연상되는 여러 가지의 이미지를 잘라 모아보자. 종이 하나에 붙여놓고 살펴보면 비슷하게 사용되는 컬러나 아우르는 컬러를 뽑을 수 있다.

처음부터 끝까지
결국 사람의 힘이다

모든 답은 내 안에 있다

고등학교까지의 과정 중 가장 중요한 시험은 바로 수능시험일 것이다. 이 수능 시험점수로 원하는 대학교로의 진학 여부가 결정되기 때문이다. 많은 학원들도 학생들의 수능시험을 위한 커리큘럼으로 구성이 되어 있다. 그런데 신기한 점이 있다. 역대 수능시험에서 만점을 받거나 상위 1%의 학생 중, 학원을 많이 다니고 과외를 많이 한 학생들보다 학원을 많이 다니지 않았더라도 스스로 공부한 학생들이 많다는 것이다. 그리고 이 학생들을 인터뷰해보면 거의 대부분 빠지지 않고 하는 이야기가 있다.

부모님이 시켜서라기보다 자기 스스로 주체적으로 공부를 했다는 것이다.

내가 다니던 초등학교에는 자식 교육에 적극적인 부모님들이 많았다. 비슷한 성적의 친구들과 팀을 짜서 학원을 보내거나 과외를 시키고, 방학 때면 유명하다는 학원을 알아봐 학원 스케줄을 짜곤 했다. 내 주위의 엄마 친구 아들, 딸들은 거의 학교에서 1등이나 2등을 했고 어느 시험에서든 높은 점수를 받아오곤 했다. 그중 일부 아이들은 자신의 의사와 상관없이 부모님이 완벽하게 만든 작품이었다. 성인이 된 지금 둘러보면 그때의 1, 2등을 했던 친구들 중, 부모가 바라는 모습 그대로 자란 사람이 얼마나 있을까.

오히려 지금 둘러보면 학창시절 성적이 뛰어나진 않았더라도 자신의 길을 찾은 친구들이 더 행복하게 살고 있는 것을 볼 때가 있다. 반면에 부모님이 원했던 대로만 살았던 친구들 중에는 그 모습 그대로 사는 친구도 있지만, 그렇지 못한 친구들도 많다. 부모님이 학원을 보내줄 수는 있지만 공부를 하는 것은 자신의 몫이기 때문이다.

박진영 PD는 우리나라에서 인정받는 최고의 프로듀서이다. 그의 회사에서 나온 아이돌 그룹은 실력이 탄탄해 나오자마자 음악프로그램의 상위차트를 쓸어버리곤 한다. 그런 박진영 PD가 회사의 연습생을 뽑을 때,

실력과 경력보다 더 중요하게 보는 부분이 있다. 바로 인성이다. 그중에 서도 진실함과 성실함, 그리고 겸손함을 강조한다.

실제로 연예계에서 열심히 준비해 유명해진 후, 사건 사고 때문에 한 순간에 이미지가 추락하는 연예인에 관한 많은 기사가 나오고 있다. 회 사에서 아무리 돈을 투자해 이미지를 만들어놔도 개인의 인성 때문에 한 순간에 망가지는 것이다. 우스갯소리로 목소리는 기계로 만져 고칠 수 있지만 인성은 옆에서 만들어주거나 고쳐줄 수 없는 부분이다.

그런가 하면, 과묵하고 카리스마 있는 캐릭터로 나온 연예인들이 예능 프로그램에서 진짜 자신의 모습을 보여주고 더욱 입체감 있는 캐릭터를 얻기도 한다.

요즘 방송 프로그램에는 부캐가 유행이다. 그중 가장 유명한 부캐는 유재석의 유산슬과 지미유 등이 아닐까 싶다. 만약 '본캐' 유재석이 유재 석이 아니었으면 그의 '유산슬, 유르페우스, 유두래곤, 지미유' 등의 부캐 들은 성공할 수 있었을까. 유재석으로서의 이미지가 아니었다면 그가 만 들어낸 부캐는 그렇게 이슈가 되지 못했을 것이다.

브랜딩도 마찬가지다. 좋아 보이게 만들 수는 있지만 자신의 진짜 모습 을 기반으로 한 것이 아니라면 모래성과 같이 허물어질 수 있다. 그리고 그 답은 다른 사람이 만들어줄 수 없다. 모든 답은 자기 자신 안에 있다.

브랜드도 사람이 하는 일이다

"투자에서 가장 중요한 부분은 오너의 인성과 품성입니다. CEO가 어떤 인성과 품성을 가진 인물인지를 토대로 앞으로 5년 후 그 기업이 어떤 모습일지를 그려볼 수 있습니다."

이창수 플래티넘기술투자 대표가 한 잡지 인터뷰에서 투자를 결정할 때 가장 중요한 부분으로 꼽은 것이다.

시간이 흐르고 사업 환경이 수시 때때로 바뀌며 예측할 수 없는 일들은 언제나 일어난다. 이때, 가장 중요한 것은 이런 예측 불가한 상황에 '대표가 어떻게 대처하고 해결해나가는지'이다. 아무리 좋은 학력과 인맥을 갖추어도 대표가 흔들리면 그 브랜드도 같이 흔들릴 수밖에 없다는 것이다.

대표의 신념이 확실하면 좋은 사람들은 저절로 모여들기 마련이다. 회사와 브랜드를 알리는 데는 시간이 걸리기 마련이다. 제품과 서비스를 통해야 하기 때문이다. 때문에 대표나 구성원들을 통한 브랜딩은 필수이다. 브랜드만의 확실한 브랜딩이 이루어지려면 2가지를 구축해야 한다.

첫 번째로 창업가의 본인만의 스토리를 기반으로 한 '브랜딩'과 '신뢰'

가 일어나야 한다. 이 스토리를 통해 자신부터 설득을 시킬 수 있어야 다른 사람들도 설득시킬 수 있다. 어떤 이유로 브랜드를 만들게 되었고, 어떤 신념을 가지고 일을 하는지를 이야기할 수 있어야 한다.

'야놀자'의 김수진 대표는 대표적인 '흙수저' CEO이다. 최근 손정의가 이끄는 소프트뱅크 그룹에서 2조 원의 투자를 유치하는 데 성공한 여행 플랫폼 기업의 대표인 그는 스무 살에 모텔 청소부로 시작해 자본금 5천만 원으로 사업을 시작했다. '모텔'이라는 단어에 들어 있는 음습하고 퇴폐적인 이미지를 바꾸고, 변화에 빠르게 대응해 시장 선점에 성공하였다.

그렇다고 보여주기식으로만 해서도 안 된다. 먼저 자신이 진심으로 좋아하는 일이라면 전문성을 쌓아야 한다. 그러다 보면 자신만의 방식이 갖추어지면서 '브랜드'화가 되어가는 것이다. 즉 전문성을 기반으로 한 자신만의 아이덴티티가 구축이 되는 것이다. 그러려면 자기가 원하는 것을 정확히 알고 어떤 방향으로 가고 있는지를 파악하는 것이 중요하다. 다른 사람들의 눈에 들기 위한 브랜딩은 지속력이 약할 뿐 아니라 보는 사람들도 금방 알아차릴 수 있다.

두 번째로는 창업가의 '인성'이다. 처음에는 이 말이 잘 이해가 되지 않았다. 뛰어난 능력보다 '인성'이 더 중요하다고? 스타트업에 투자하는 기관들에서 일하는 사람들의 이야기를 들어보면, 아무리 스타트업의 비전과 기술이 뛰어나도 결국은 창업자, 즉 사람을 보고 투자를 결정한다고 이야기한다. 잘나가던 브랜드들도 대표의 이미지가 기업에 안 좋은 영향을 주는 경우가 많기 때문이다.

몇 년 전, 뉴스에서도 이슈가 되었던 사건이 있었다. 화장품 브랜드의 C대표에 대한 불법적인 행위들이 낱낱이 폭로되었다. 그러자 그 일이 있기 전까지만 해도 승승장구하던 브랜드가 몇 달도 안 되서 매출이 추락하기 시작했다. 그는 경영 복귀에 나서 여러 가지 방법으로 침체에 빠진 브랜드를 일으키기 위해 노력하고 있지만 아직 반등하지 못했다. 여러 이유 중 하나는 언제든 '오너 리스크'가 다시 불거질 수 있다는 것이다.

퍼스널 브랜딩과 브랜드 브랜딩 모두 누군가에게 보여주기 위한 활동이지만 결국은 만들어낸 사람의 철학이 담겨져 있지 않다면 그 브랜드는 어떤 기술에 지나지 않는다. 브랜딩은 사람이 만들어낸 또 하나의 생명체다. 이 생명체가 계속 생존하기 위해서는 브랜드만의 전문성과 아이덴티티가 더해져야 가능한 것이다.

강력한 브랜드를 만드는 사람의 힘

〈백종원의 골목식당〉이라는 프로그램을 좋아해 매주 빠지지 않고 본다. 백종원 대표의 경험과 노하우로 작고 외진 골목의 식당들에 사람들이 찾아올 수 있도록 '맛집'으로 탈바꿈해준다. 보통의 식당들이 받고 싶어도 쉽게 받지 못하는 백종원 대표의 컨설팅이다. 그러나 몇 달 후 다시 그 식당들을 다시 방문해보면 그 맛을 유지하지 못하고 다시 원점으로 돌아간 식당들을 볼 수 있다. 우리나라 외식업계의 대표적인 거물에게 컨설팅을 받고도 왜 이런 일이 벌어질까?

첫 번째 이유는 원칙을 제대로 지키지 않기 때문이다. 그 식당만의 제대로 된 맛을 내기 위해서는 여러 방법들을 거쳐야 한다. 그뿐이 아니다. 요리하는 주방 환경도 제대로 정돈되어 있어야 하고 재료들의 신선도를 위해 재료 관리도 엄격해야 한다. 작은 식당을 운영하는 데도 관리해야 하는 일이 많다. 이 과정은 마치 수련의 과정과도 같다. 매일 같은 일의 반복인 것이다.

두 번째 이유는 자기만의 방식으로 생략하고 바꾸기 때문이다. 음식을 요리할 때 그 맛을 내기 위해서는 시간과 방법에 따라야 한다. 육수를 내야 하는데, 들어가는 재료가 바뀌거나 끓이는 시간이 달라지면 맛이 달라지는 것이다.

이렇게 보고 비판하는 것은 쉽지만 막상 주변을 둘러보면 꾸준히 하고 있는 사람들은 많이 없다. 우리는 이렇게 의지력이 약한 걸까? 이것을 유지하려면 어떻게 해야 할까?

첫째로 먼저 내가 재미있어야 한다. 우리의 뇌에는 세로토닌이라는 호르몬이 분출된다. 이 호르몬은 무엇인가에 몰두할 때 나오는 호르몬이다. 도파민이 희열을 느끼게 해주고 중독에 빠뜨리는 역할을 하는 반면, 세로토닌은 자부심과 만족감, 성취욕 등과 같은 긍정적 감정을 느끼게 하면서 몰입을 도와준다. '공부호르몬'이라고 알려져 있는 이 호르몬은 어떤 일에 깊이 몰입하고 있을 때 분비된다.

반면 일이 스트레스라고 느끼는 순간, 뇌에서는 여러 가지 호르몬들이 나온다. 하는 일을 스트레스라고 받아들이는 순간 인간은 방어기제를 사용해 자신의 몸을 지키려 한다. 즐기는 사람은 이길 수 없다.

둘째, 나의 재미를 넘어서서 의미가 있는 일이어야 한다. 우리 뇌에서 나오는 도파민은 새로운 과제를 만나면 도전할 수 있는 긍정적인 역할의 호르몬이다. 하지만 새로운 과제도 매일 하면 일상이 되고, 지루해지기 마련이다.

도파민이 분출되다가도 어느 순간이 지나가면 이 도파민의 분출은 줄어들고 우리는 다시 지루함을 느낀다. 인간은 사회적인 동물이다. 한 인간은 사회적 환경에서 인정을 받으면서 완성이 되어가는 것이다.

이쯤 되면 브랜딩에 있어서 성공의 적은 실패가 아닌 지루함이다. 지루함을 이겨낸 꾸준함이 강력한 브랜딩의 절대 무기다.

08

브랜드는 나로부터 시작해서
사람들로부터 완성된다

오프라인 매장을 오픈하는 이유

온라인에서 상품을 보고 구매를 결정하는 세상이다. 다양한 음악과 이미지, 상세한 설명들로 상품에 대한 설명이 이루어진다. 그뿐인가. 인플루언서들의 상품 소개, 소비자들의 후기 등 덕분에 우리는 그 상품을 간접적으로 체험해볼 수 있다. 그리고 이 흐름은 앞으로도 계속될 것이다.

그럼에도 불구하고 온라인에서 상품을 판매하는 브랜드들도 오프라인에 매장을 오픈하고자 하는 이유는 무엇일까? 오히려 디지털 시대일수록 고객경험이 중요해졌다. 브랜드의 고급스럽고 잘 만들어진 마케팅보다 고객의 실제 경험이 더 효과적이고 신뢰할 수 있기 때문이다. 오프라인 공간을 오픈하기 위해서는 훨씬 더 많은 투자비용이 들어간다. 매장이 있어야 하고 인테리어부터 직원까지 세팅이 되어야 하기 때문이다. 오프라인 매장에서의 하루 매출이 뛰어난 것도 아니다. 이 오프라인 매장을 오픈한다고 해서 브랜드의 이미지에 긍정적인 영향을 미치는지조차 측정이 어려울 수 있다. 그럼에도 불구하고 많은 브랜드들이 이 고객경험을 늘리기 위해 오프라인 매장 오픈을 고집하고 있다.

카카오는 카카오톡이라는 모바일 메신저 서비스를 제공하는 IT 기업이다. 카카오톡에서 만든 이모티콘도 온라인에서 커뮤니케이션 할 때, 사용하기 위해 만들어진 캐릭터이다. 온라인에 기반한 카카오에서 캐릭터들이 인기가 높아지자, 카카오프렌즈를 독립 법인으로 분사하는 한편 '카카오 프렌즈샵'이라는 캐릭터 상품들을 소개하는 오프라인 매장을 오픈했다. 처음에는 팝업 스토어를 비정기적으로 운영했으나 지금은 정규매장으로 편성하였다. 온라인에서 시작한 카카오는 왜 오프라인 매장을 오픈하였을까?

온라인으로 여성복 의류를 판매하는 L선배는 10년 동안 회사에서 배운 것을 바탕으로 자신의 브랜드를 전개하기 위해 온라인 쇼핑몰을 오픈했다. 워낙 감각이 뛰어나고 회사에서의 탄탄한 기본기를 다졌던 선배는 처음부터 무리해서 온라인 스토어와 함께 굳이 쇼룸을 오픈했다. 심지어 오프라인 매장에서는 오픈 형태가 아닌 예약제로만 고객을 받았다. 예약하지 못하면 쇼룸이 열려 있어도 들어가 구경하지 못했다. 반면 예약을 해서 방문한 고객에게 1대 1로 상품을 보여주고 취향에 맞는 옷을 추천해 주었다. 처음에 선배의 결정에 좀 의아했다. 온라인 스토어의 마케팅에 집중하는 것이 더 낫지 않을까 하는 생각도 들었다. 하지만 상품 가지 수가 얼마 없는 데다가 다른 온라인 쇼핑몰보다 고가였던 그 쇼핑몰에 딱 맞는 브랜딩 전략이었다. 선배 L은 잠재 고객들을 오프라인 상에서 직접 만나며 취향을 공유하며 팬층을 확보했던 것이었다. 쇼룸을 한번 방문한 고객들은 선배의 안목에 신뢰가 생겨 그녀가 소개하는 상품들을 발 빠르게 구매했다. 뿐만이 아니었다. 선배는 온라인에서는 정보가 부족했던 고객들의 연령층이나 취향들을 직접 보고 들으며 앞으로의 브랜드 전개 방법에 대해 대책을 세울 수 있었다. 오프라인의 쇼룸 덕분에 백화점에서 팔 법한 고가의 옷도 그녀의 온라인 스토어에서는 연일 품절을 기록했다.

점점 온라인화되어가는 세상이지만, 소비하는 주체는 여전히 오프라인의 사람들이다. 사람들은 본인이 좋아하는 것을 실제로 체험했을 때 더 큰 감명을 받는다. 이 감명이 온라인으로 전해져 브랜드의 영향력이 강해지는 것이다. 이렇게 브랜드는 사람들의 마음속에 구체적인 경험과 느낌으로 남을 수 있다.

브랜드는 브랜드 아이덴티티를 인식시키는 작업

몇 년 전, 가수 비가 〈깡〉이라는 음원을 냈다. 그 당시 그 음악은 빛을 못 보고 묻히는 듯했다. 그러나 몇 년 뒤, 유튜브 알고리즘에 의해 다시 뜨기 시작했다. 여기서 재미있는 것은 비가 '깡'이라는 음악을 발표했을 때 대중들에게 전달하고자 했던 콘셉트와 유튜브에서 대중들이 받아들이고 다시 떠오르게 한 '콘셉트'가 달랐다는 것이다. 비는 '깡'을 통해 '멋있는 열정적인' 콘셉트를 의도하였지만 대중들은 그것을 '과한 열정'으로 받아들여 비가 멋있게 추는 춤을 웃기게 패러디하기 시작했다. 다행스럽게도 비는 그런 대중들의 반응에 화를 낸 것이 아닌 받아들여 자신의 브랜드를 확장시켰다. 예전의 비는 '멋있고 섹시한' 우상의 이미지였다면 지금은 보다 '친근감 있는' 이미지로 변했다.

브랜드는 만든 사람은 '나'지만, 거기에 대중들의 반응들이 더해져 만들어진다. 대중들은 만든 사람의 의도와 전혀 상관없는 다른 것으로 받아들이는 경우가 많다. 진실보다는 보이는 것을 더 믿기 때문이다.

내가 셀프 브랜딩을 하며, 한 가지 두려워하는 점이 있었다. 바로 내가 보여지고 싶은 대로 보이지 않을까 하는 것에 대한 걱정이었다. 평생 나를 드러내본 적이 없는 사람다운 걱정이었다. 셀프 브랜딩을 하고 인터넷 SNS를 시작하기까지 정말 많은 시간이 걸렸다. 내 무의식의 장애물들을 걷어내는 데도 많은 시간이 들었지만 그것들을 효과적으로 드러내는 것에 대한 자신이 없었기 때문이었다. 무엇보다도 내가 모르는 나의 모습으로 인식이 되고 그것이 나에게 상처로 다가올까 봐 많은 걱정을 했다.

　우리는 실시간으로 새 정보들이 업데이트되는 세상에 살고 있다. 우리의 뇌는 그 모든 정보를 입력하고 처리하는 능력은 없다. 게다가 특별하게 눈에 띄지 않는 한 입력을 해도 다음날이면 잊어버리는 것이 대다수다. 심리학자들은 이것을 망각 곡선이라 한다. 위키백과에 따르면 망각 곡선은 시간이 지남에 따라 기억이 남아 있는 감소의 정도를 말하는 가설이다. 이 가설에 따르면 인간은 1시간 이내에 학습한 내용의 50%를 잊어버리고 24시간 이내에 평균 70%를 잊어버린다고 한다. 오늘 내 머릿속에 들어온 내용 중 70%는 잊어버리게 된다는 뜻이다.

　연예인들은 자신만의 이미지를 가지는 것을 굉장히 중요하게 생각한다. 새로 앨범을 내거나 드라마나 영화를 찍어 발표할 때면 연예인들은 그 역할에 맞는 콘셉트를 가지고 있다. 그 콘셉트를 사람들에게 인식시키려면 어떻게 해야 할까? 같은 콘셉트를 지속적으로 반복 노출시켜야 한다. 예를 들어 '청순'의 콘셉트를 가지기 위해 연예인들은 다양한 활동을 통해 자신의 청순함을 드러내기 위해 노력한다. 드라마의 캐릭터를 맡기도 하고, 소주 광고의 모델이 되길 희망한다. 또 청순한 이미지를 가지기 위해 새하얀 피부에 긴 생머리를 가지는 경우가 많다.

아이돌의 경우 콘셉트를 대중들에게 노출시키기 위해 노래가 발표될 때마다 음악프로그램에 출연한다. 연예계에서 스태프로 일을 하고 있는 J에게 음악프로그램의 출연료가 우리가 상상하는 것 이상으로 적다는 것을 듣고 충격을 받은 적이 있었다. 그 적은 출연료를 받고, 소속사 비용으로 무대장치를 세팅해가면서까지 음악프로그램에 출연하는 이유가 뭘까? 그들은 바로 콘셉트의 중요성을 알고 지속적으로 노출을 시켜야 대중들에게 인식이 된다는 공식을 알고 있는 것이다.

우리도 마찬가지다. 사람들로 하여금 '나'를 어떤 사람으로 인식하게 만들기까진 시간이 필요하다. 나를 정확하게 파악하고 지속적으로 드러낼 수 있어야 한다.

관점을 디자인 할 수 있는 힘

우리는 '보이는 것' 또는 '내가 알고 있는 것'이 '진실'이라고 믿는다. 여기 유명한 실험이 있다. 심리학자인 크리스토퍼 치브리스와 대니얼 사이먼스가 하버드대학교 심리학과에서 실시한 이 실험은 전 세계의 심리학 교과서와 박물관에 전시될 정도로 유명한 실험이다.

농구경기 동영상을 사람들에게 보여주면서 흰색 옷을 입은 사람들이 농구공을 패스한 횟수를 세라고 한다. 대부분의 사람들은 흰색 옷을 입은 사람들의 손을 열심히 들여다보면서 공을 패스한 숫자를 세기 위해 눈동자를 바쁘게 움직인다.

그러나 이 실험이 끝나고 사람들 사이에 걸어 다니는 고릴라를 발견했는지를 물어보면, 50%의 사람들이 그 고릴라를 발견하지 못했다고 답하는 실험이다. 심지어 이 동영상에 고릴라는 없다고 확신하며 주장한다.

이 실험을 통해 우리는 무엇을 얻을 수 있을까? 이 실험에서 '공'은 사람들의 관심사다. 우리는 이 관심사에 집중하느라 다른 것은 못보고 지나치기 쉽다는 것이다. 때로 그 못 보고 스쳐 지나가는 것 중에는 중요한 것들이 있을 수 있다. 우리의 뇌는 우리가 믿는 것보다 똑똑하지 않다.

브랜딩으로 돌아가보자. 어떤 브랜드를 기획하든 처음에 사람들이 접하는 것은 '보여지는 이미지'이다. 내가 보여주고 싶은 대로만 보이면 좋겠지만 의도와는 다르게 해석되기도 한다. 그리고 사람들은 본 것을 믿는 경향이 있다.

우리는 이대로 사람들에게 보이는 이미지로만 남을 것인가? 새로운 시즌이 시작되면 패션 브랜드는 패션쇼를 통해 새로운 컬렉션을 소개한다. 새로운 앨범을 발표한 가수나, 드라마를 찍은 배우들도 첫 방송을 하기 전에 먼저 기자회견을 통해 새로운 콘셉트에 대해 소개한다. 바로 이 발표를 통해 사람들에게 인식을 시키는 것이다. 브랜드도 이런 작업이 필요하다. 기자회견을 열라는 이야기가 아니다. 이야기를 끌고나갈 주체가 되라는 것이다. 사람들에게 어떻게 보이는지 결정이 되기 전에 나의 이 야기를 하다 보면 사람들은 따라오게 되어 있다.

방송연예인 김나영을 아는가? 그녀는 케이블 연예계 방송리포터를 하며 방송에 진출하였다. 그녀는 각종 토크쇼와 예능 프로그램에 게스트로 출연하며 그녀만의 하이톤 목소리로 인기를 얻었다. 몇 년 후 그녀는 패션에 관심이 있었다며 패션과 관련된 프로그램에 출연하기 시작했고, 패션쇼에 참석해 패션계 기자들에게 사진을 찍히기도 했다. 처음에는 사람들이 그녀의 패션 센스를 보고 비판을 하기도 했으나, 몇 년이 지난 지금 그녀가 패션피플이라는 사실은 누구도 부인하지 못한다.

여기서 사람들에게 말하기 전에 먼저 해야 할 일은 바로 사람들에게 보여지고 싶은 이미지에 대해 결정하는 것이다. 그리고 그 보여주고 싶은 이미지가 내가 이야기하고 싶은 본질과 닿아 있어야 한다. 이 두가지를 가지고 지속적으로 보여주었을 때, 사람들이 다르게 해석하더라도 자신의 관점으로 브랜드를 끌고 나갈 수 있는 힘이 생긴다.

5장

브랜드를 준비하는 사람들에게

도전하고 성취해내기

과거는 바꿀 수 없지만 미래라면 얼마든지 바꿀 수 있다.
외적인 원인은 바꿀 수 없지만 목적은 마음먹기에 따라 바꿀 수 있다.

– 알프레드 아들러 –

01

실패를 생각하면
시작할 수 없다

변화의 속도가 빨라지고 있다

"온라인 시장은 이미 레드오션이야."

"이미 늦었어."

"창업을 하려면 돈이 필요한데, 자본금이 있어?"

일단 지금 온라인으로 일을 시작한다고 하면 이렇게 물어보는 사람들이 많다. 이미 레드오션이라며 만류하는 사람들도 있다. 물론 이렇게 이야기하는 사람들 중에는 시도해본 사람은 없다. 있어도 얼마 동안 해보다가 이내 포기한 사람들이다.

언론 종합 KTB투자증권에 따르면 2020년 온라인쇼핑 거래액은 연간 100조 가량이다. 쇼핑몰 판매자는 약 50만 명에 달한다. 진입장벽이 낮아서 누구나 쉽게 시작할 수 있다. 그렇다면 50만 명의 사람들이 연간 2억씩 수입을 올리고 있을까? 애석하게도 아니다. 하다가 중간에 많은 사람들이 안 된다고 생각하고 포기한다. 상위의 일부 사람들이 나누어 먹는 시장인 것이다.

네이버 스마트스토어 강사인 C대표님은 스마트스토어를 시작한 때가 작년 1월이니 지금까지 약 1년 반 정도 하셨다. 그도 처음 유튜브에서 스마트스토어에 대한 이야기가 나왔을 때 그 말을 믿지 못했다고 했다. 그러다가 퇴근 후 2~3시간 정도 시간을 투자해 10만 원 정도 용돈이라도 벌어보자 마음먹고 시작했다. 시작하고 나서 하루에 인터넷 도매 몰에서 2~3개씩 가져와 올렸다. 1개월 동안 아무 매출도 일어나지 않았다. 그가 대단하다고 느낀 부분은 바로 여기다. 그럼에도 불구하고 포기하지 않고 꾸준히 300개가 넘는 상품을 석 달 동안 올리자 상품 판매가 일어났다. 스마트스토어의 로직상 꾸준하게 올리는 스토어의 점수가 반영되어 노출 순위가 올라간 것이다. 지금도 3~400개의 업로드 된 상품 중 잘 팔리는 상품은 20개가 되지 않는다. 그러나 그 20개가 채 되지 않는 상품들을 가지고 올해 15억이라는 매출 달성을 앞두고 있다. 그리고 회사를 퇴직하고 부업에서 전업으로 스마트스토어를 하기 시작했다. 이제 그는 자신의 브랜드를 만들어 판매를 하고자 준비하고 있다.

그는 도매사이트에서 물건을 올려놓고 팔았기 때문에 거의 무자본으로 온라인 사업을 시작했다. 그랬던 그가 지금은 1년 매출 1억을 바라보고 있다. 그가 만약 아무 일도 하지 않았다면 지금의 성과는 일어나지 않았을 것이다. 온라인 사업을 하는 사람들은 보면 성공하는 데 절대 공식이 없다는 것을 많이 느낀다. 방법은 있을 수 있으나 하는 사람의 마음이 없으면 방법도 소용이 없다.

일을 시작하기 전에 예산에 대한 계산은 중요하다. 내가 투자할 수 있는 비용과 목표 금액을 예상하는 것은 반드시 필요한 일이다. 그러나 모든 것을 제치고 손익 계산만을 우선순위에 둔다면, 처음 일을 시작하며 들어가는 노력이 쓸데없는 일이 될 수 있다. 내가 벌 수 있는 돈만 생각하다 보면 그 이상의 노력을 하기 쉽지 않다. 수익만을 따져 시작하면 대부분 시작도 전에 포기할 것이다.

변화의 속도가 빨라지고 있다. 옛날엔 5년 동안 바뀔 만한 것들이 1년도 되지 않아 확확 변화하고 있다. 왜 사람들은 첫 시작을 함께 하지 않으면 이미 늦었다고 생각하는 것일까. 이것을 이유로 아예 시작조차 해보지 않는 경우도 많다. 변화가 빠른만큼 빠르게 시작할수록 남는 장사이다.

온라인에서 일을 시작하는 것은 오프라인에서 창업을 하는 것보다 자금이 훨씬 적게 들어간다. 재고가 없어도 사무실이 없어도 자본금이 얼마 없어도 시작할 수 있다. 기회는 많은 곳이다.

실패에 대한 두려움에 핑계를 대고 있지는 않은가

재미있게 봤던 드라마 〈스토브리그〉에서 나온 내용이다. 안타를 맞는다는 것은 스트라이크를 던질 수 있다는 의미라는 것이다. 실수하는 것, 실패한다는 것, 깨지고 넘어진다는 것, 때로 관계가 깨진다는 것에 감사할 이유는 자신이 공을 똑바로 던지면서 정면승부하고 있음을 의미한다.

실수도 실패도 없다는 것은 안전한 것이 아니라 자신이 정면으로 삶이나 일을 바라보며 승부하지 못하고 있음을 의미할지도 모른다.

두렵거나 무서우면 순간적으로 나도 모르게 옆으로 피하게 된다. 홈런을 맞을 수 있는 위험을 감수하고 스트라이크 존에 공을 던질 수 있다는 것은 대단한 용기이다. 나는 그 두려움에 맞서서 정면승부를 하고 있는가, 스트라이크 존을 피해 볼만을 던지고 있는가.

정신세계에 대한 두 거장이 과거의 기억에 대한 다른 주장을 했다. 프로이트는 과거의 원인으로 현재의 어떤 일이 발생한 것이라고 하지만 아들러는 사람이 자신의 목적을 이루기 위해 현재를 만든다고 한다.

프로이트의 주장에 따르면, 우리의 현재 행동은 과거의 트라우마의 산물이다. 그러므로 바꾸기 어렵다고 한다. 과거를 바꿀 수는 없기 때문이다. 그러나 아들러의 주장이 맞다면 우리에겐 희망이 있다. 그것은 우리가 만든 것이기 때문이다. 이를 깨닫고 우리가 필요한 목적을 선택하면 더 이상 자신을 제한하는 한계에 묶이지 않는다. 현재의 행동과 현상을 바꿀 수 있다.

많은 사람들은 자신이 열심히 노력하지 않아서 성공하지 못한 것이라 생각하지만, 실제로는 실패할까 두려워 열심히 하지 않은 것일 수도 있다. 이에 자신을 제한하는 것들을 곰곰이 생각해보라.

안될 이유를 찾는 시간에 되는 이유 하나씩 해보기

'집에서 애들 돌보는 것도 힘든데… 괜히 일을 벌였어.'

작년 코로나로 인해 아이들이 어린이집 등원을 못하고 24시간 같이 붙어 있을 때 이런 생각이 들었다. 아이들은 아이들대로 봐야 하고, 벌여놓은 일들은 해야 하고. 행복해지기 위해 시작했는데 허덕이고 있었다.

'그래, 내가 일을 시작하기에는 무리가 있었어.'

이런 생각이 턱끝까지 차올랐다. 일을 하지 않아도 되는 이유는 너무 많았다. 아이 세 명을 키우고 있고, 코로나로 집에만 있어서 외출이 자유롭지 않았다. 내가 컴퓨터라도 켜는 날엔 아이들은 어떻게 알았는지 책상 위로 올라와 자판을 두들겨 컴퓨터 설정을 이상하게 만들어놓곤 했다. 서로 해보겠다며 싸움도 났다. 도저히 할 수가 없었다. 이럴 줄 알았으면 시작하지 말 것을 괜히 일을 벌여놓은 내가 미웠다. 안 하느니만 못하다는 생각에 자괴감이 들곤 했다.

아이들을 재우고 같이 잠이 들었다. 9시에 잠이 들어 4시에 눈이 떠졌다. 그날 오랜만에 혼자의 시간을 즐기며 해야 할 일을 끝낼 수 있었다. 내가 주체적으로 하고 싶은 일을 했다는 것에 성취감이 들었다.

우리의 삶은 매 순간 선택에 달려 있다. 안 하는 것을 선택해도 된다. 안 해도 되는 핑계는 얼마든지 있었다. 그러나 해보기로 선택하고 행동으로 옮기는 순간, 한 발 가까이 다가선 것이다.

제일 먼저 해야 하는 일은 내 머릿속에서 '안 되는 일'을 떠올리지 못하도록 해야 하는 일에 집중하는 것이다. 부정적인 생각은 생각보다 힘이 세다. 우리가 생각하지 말아야지 마음을 먹어도 떠오르는 생각을 막을 수 없다. 대신 나가야 할 방향에 대해서만 생각하면 저절로 하지 말아야 하는 이유는 줄어든다. 나가야 할 방향으로 가기 위해 해야 할 일이 너무 많기 때문이다.

우리가 작게라도 해봐야 하는 또 다른 이유는 이런 경험을 해봐야 다른 도전이 다시 찾아왔을 때 어떻게 해야 하는지 알 수 있기 때문이다. 한 번도 해보지 않으면 어떻게 시도해야 하는지조차 모를 수 있다. 수레가 있으면 길이 난다. 안 되는 이유보다 성취하고자 하는 이미지를 상상하며 나가보자. 어느새 반듯한 길이 만들어져 있을 것이다.

02

일보 후퇴는
실패가 아니다

내 인생의 운전대는 내가 잡는다

자유는 언제나 두려움을 동반한다. 고등학교 2학년 때 일이었다. 학교에서 명함판 크기 정도의 사진을 내라고 했다. 주민등록증을 발급받기 위해서였다. 동사무소를 방문해 주민등록증 뒤에 넣기 위한 지문을 등록했을 때, 두려운 마음이 앞섰다. 이제 미성년자라는 이유로 내 실수나 잘못에 대해 누군가 방패가 되어줄 수 없음을 의미하는 것을 알았기 때문이다.

내 삶의 주인공이 되겠노라고 마음을 먹을 후 주위를 둘러보니 그렇게 살지 못하는 사람들이 많이 보였다. 불과 2년 전만 해도 같은 삶을 살고 있었기 때문에 안타까운 마음이 컸다. 그럴 때마다 난 어떻게 그 과정을 겪었지 스스로 돌아보게 되었다. 누구나 멈추거나 느리게 가는 순간들이 있을 수 있다. 아무리 느리거나 잘못된 길을 가더라도 스스로 느끼고 다시 정신을 차리지 않으면 그 누구도 도와주지 못한다.

난 운전을 험하게 하는 편이다. 이 사실을 꽤 오랫동안 모르고 지냈었다. 이상하게 내가 운전하는 차에 남편이나 친구들이 타면 오른손이 자연스럽게 차의 손잡이에 가 있는 것을 보고서야 알아차릴 수 있었다.

하루는 우리 가족 모두 내가 운전하는 차에 탔다. 길을 가다가 멀리 있는 방지턱을 발견하고 속도를 줄였지만 생각보다 방지턱의 높이가 높아 차가 심하게 흔들렸다. 방지턱을 예상하지 못했던 남편은 생각보다 심한 흔들림에 마시던 물을 쏟고 말았다. 운전을 하고 있었던 나는, 방지턱을 예상해서 속도를 줄였다. 게다가 거기에 맞추어 몸과 마음도 충격이 있을 수 있다는 사실을 예상하고 준비 중이었다. 그러나 뒷좌석에 앉아 있던 나머지 가족들은 전혀 예상하지 못했던 '변수'에 아무런 준비없이 방지턱을 지나게 된 것이다.

운전을 하는 사람은 멀미하지 않는다. 삶에서도 마찬가지다 내 삶의 운전자가 나라면 속도가 느리던 빠르던 멀미하지 않는다. 나 스스로 속도를 조절할 수 있고 앞의 상황이 보여 예측이 가능하기 때문이다. 그러나 뒷자리에 앉은 사람들은 다르다. 다른 사람이 운전하는 차에 타면 방지턱 하나만 넘어도 생각보다 큰 충격으로 받아들일 수 있다. 쉽게 멀미가 나기도 한다. 자동차를 운전하는 운전자로 살 것인가, 다른 사람이 운전해주는 자동차에 탑승한 사람으로 살아갈 것인가?

'어벤저스'를 만들어낸 미국의 만화가이자 영화제작자인 스탠 리는 자신이 만들어낸 영웅들의 캐릭터를 두고 이렇게 이야기 한다.

"위대한 능력 뒤에는 큰 책임이 따른다. 바꿔서 말하면 큰 책임을 맡을수록 그에 맞는 막강한 힘이 생긴다. 악당을 물리치고 지구를 구하는 영웅들도 두려운 순간이 있다. 그 두려움을 넘어서고 나설 때, 비로소 큰 힘이 생길 수 있다."

성급할 때가 가장 위험한 것

상품 개발을 위해 공장을 알아보고 있는 중이었다. 이메일을 통해 나를 소개하며 거래를 제안했다. 거래가 까다로운 공장들도 이탈리아 해외 공장을 연결하여 샘플들을 요청했다. 처음에는 순조롭게 진행되는 것처럼 보였다. 해외공장을 세 군데 정도 확보해놓은 뒤 더 이상 공장을 알아보지 않고 샘플을 받아 진행하려고 했다.

상품을 촬영할 스튜디오를 알아보고 사이트 오픈 날짜를 대략 예상하여 일을 해나가다가 첫 공장에서 드디어 샘플을 받았다. 그러나 생각보다 낮은 퀄리티에 실망을 하고 말았다. 금방이라도 보풀이 일어날 것 같은 촉감에 염색된 컬러는 채도가 너무 낮아 우중충했다. 그러나 두 군데의 공장 샘플이 남았으니 더 걱정하지 않았다.

두 번째 공장의 샘플이 도착했다. 소재에 무엇인가가 추가로 섞인 듯했다. 이탈리아에서 만들었다는 이유로 가격이 더 비쌌다. 게다가 이 샘플을 수정해 고치려면 한 달 정도 휴가를 갔다 온 후에 만들 수 있다고한다. 여기에서 많은 고민이 들었다. 다른 사람들이 이 정도의 상품의 질을 보고도 괜찮다고 할 것 같은데, 예상 가격만 좀 더 낮춰서 그냥 판매를 시작할까에 대한 유혹도 들었던 것이 사실이다.

이렇게 세 군데의 공장에서 도착한 샘플이 마음에 들지 않자 마음이 조급해지기 시작했다. 어떻게든 일을 진행시켜 예정된 날짜에 상품을 오픈하고 싶었다. 돈을 더 들여 샘플을 제작할까? 지금 샘플을 가지고 그냥 진행을 해야 할까? 수많은 고민이 들었다.

그러던 중, 거래처 대표님으로부터 해외의 브랜드 옷도 제작해본 적이 있다는 소위 '베테랑'이 운영하는 공장이라는 곳을 소개를 받았다. 상품을 출시해야 한다는 생각으로 앞뒤 가릴 것 없이 덤빌 자세가 되어 있는 나에게 그 전문가라고 소개를 받았으니 당장 진행을 해야 할 것 같았다. 당장 샘플을 주문을 하고 제작에 들어가고 싶었다. 문제는 지금 여러 공장에서 제작을 한꺼번에 들어가느라 샘플 주문과 동시에 최소 수량으로의 주문을 넣어야 사이트 오픈 일자와 시간을 맞출 수 있다는 것이었다. 거래처 대표님이 소개했으니 믿고 무조건 진행하자는 생각과 너무 위험하다는 생각이 동시에 들었다. 마치 고장 난 브레이크가 달린 자동차를 탄 느낌이었다.

잠깐 모든 일을 멈추고 하나하나 되짚어 보았다. 내가 왜 이렇게까지 일을 진행시켜야 하는 이유에 대해 따져봤다. 빨리 해야 결과가 나온다는 마음에 조급함이 자꾸 나를 채근했다. 판단력이 흐려지고 섣부를 결정을 내릴 뻔한 것이다. 설사 퀄리티가 보장된 공장이라 해도 느긋해서 나쁠 것은 없다. 나의 첫 번째 브랜드는 일을 빨리 진행해야 한다는 조급한 마음에 이루어지고 있었다. 나 스스로의 현재 위치를 파악하기보다 불도저처럼 밀어붙이고 있었던 것이다.

잠시 멈추어 상황을 점검하니 아무리 퀄리티가 보장된 공장이라도 한번에 진행하려는 과정을 멈출 수 있었다.

그 후로, 어떤 결정을 내릴 때마다 오히려 잠시 멈추고 뒤로 물러서서 돌아보곤 한다. 나의 감정 상태부터 진행되는 일 하나하나 조급한 마음에 결정한 일이 없나 살펴보고 난 후 진행시킨다. 또한 결정을 내릴 때 주변 사람들의 기대와 시선은 잠시 뒤로 한다. 주변 사람들의 기대 때문에, 내 자존심을 지키기 위해서 무리하게 진행시키다가 일을 망치기 쉽다. 지금 이 순간 가장 냉철한 가슴으로 돌아보고 판단해도 늦지 않는다.

때론 비효율인 것이 가장 효율적이다

온라인 마케팅을 배우고 있는 멘토가 있다. 멘토는 나와 나이는 같음에도 5년 전에 사업을 시작해 온몸으로 부딪혀가며 온라인 마케팅 분야의 강자로 자리 잡았다. 이분께 온라인 마케팅을 배우면서 얻은 중요한 가르침이 2가지가 있다. 하나는 마음먹은 즉시 실행해보는 것과 다른 하나는 가장 효율적이기 위해 비효율적으로 움직이는 것이다.

이때까지 나는 온라인 마케팅에 대해 단단히 오해하고 있는 것이 있었다. 바로 온라인 마케팅은 컴퓨터로 하는 것이니, 엄청난 자동화가 되어 있을 것이라는 것과 그 과정을 위해 사람이 움직이는 일이 적을 것이라 생각했던 것이다.

온라인 쇼핑몰을 오픈하는데, 준비가 안 되어 있는 것들이 많았다. 은행이나 동사무소까지 직접 가서 발급을 받아야 하는데 하루빨리 오픈하고 싶어 마음이 성급해졌다. 그 중 하나가 '통신판매증' 발급을 위해 신고를 해야 하는 것이었다. 이미 오픈 마켓에서 쇼핑몰을 운영하고 있는 상태였기 때문에 같이 '효율적인' 진행을 위해 자사몰을 위한 통신판매증 발급은 따로 받지 않으려 했다. 그때 멘토는 나를 잠시 진정시키더니 이렇게 말했다.

"지금은 비효율적인 것이 제일 효율적이에요. 정석대로 절차를 밟아 진행하세요."

이 말은 앞만 보고 미친 듯이 달려가는 경주마를 멈추게 했다. 그리고 정석대로 밟아야 하는 절차를 거쳐 진행할 수 있었다.

그리고 이 말은 내가 일을 하는 모든 과정에서 잊어버리지 않도록 깊이 새겨놓았다. 기본기가 없는 모래성은 아무리 만들어지는 속도가 빨라도 언제 무너질지 몰라 불안하다. 반면 기초공사가 튼튼하면 처음 속도는 더딜지라도 오래가는 건물을 지을 수 있다. 탄탄한 기초공사를 위해 때론 무의미한 것처럼 보여도 나중에는 든든한 버팀목이 되어 있는 것이다.

03

남을 위할수록
풍요로워지는 비밀

착하면 손해라는 오해

아이들에게 책을 읽어주다 보면 '착한 사람'이 항상 스토리에 등장한다. 그리고 결국 그 '착한 사람'이 복을 받는다는 것이 주된 이야기의 흐름이다. 어린이들에게 책을 통해 주는 교훈도 '착하고 바르게 살아야 복을 받는다'이다.

그런데 어찌 된 일인지 점점 성인이 되어가면서는 착하다는 것은 나를 희생해서 다른 사람의 요구나 부탁을 들어주는 것이 되어버린다.

우리 집 쌍둥이는 같은 기간 배 속에서 함께 생겨 태어났음에도 성격이 정 반대다. 한 명은 호기심이 많고 자신의 주장을 강하게 이야기하는 반면 다른 한 명은 다른 사람과의 관계가 중요해 눈치를 많이 본다. 호기심이 강하고 자기주장을 강하게 하는 녀석이 다른 아이에게 무엇인가 요구를 하면 이 아이는 자기가 가지고 놀던 것이라도 홀라당 주고 만다. 처음에는 그렇게 요구하는 것을 주니 둘 사이에 싸움이 없어 별말을 하지 않았다. 그런데 이런 일이 반복되자 자기주장을 강하게 하는 아이는 다른 아이의 장난감도 마치 당연히 자기의 것인 양 행동하며 의기양양하고 다른 아이는 점점 풀이 죽어 말도 우물거리기 시작했다. 그제야 무엇인가 잘못되었다 싶었다.

여러 차례 아이들에 대한 상담을 받고 난 후, 엄마인 내가 아이들의 희생이 착한 것이 아니라는 것을 바로 알려주고 나서야 서서히 바로잡을 수 있었다.

어른들의 세계에서도 비슷한 사고를 가지고 있는 것이 보였다. 한 사람의 희생을 착한 것과 동일한 것으로 이해하는 것이다. 그래서 착하면 손해라는 말도 생겨난 것이다. 점점 자신만 생각하는 '이기적인 삶'을 살기 위해 노력한다.

어쩌다가 착하면 내 것을 모두 희생해야 한다는 오해가 생기게 된 것일까? 신조어 중 '돈쭐'이라는 단어가 있다. '돈+혼쭐'의 합성어로 '혼쭐이

나다'의 의미와는 달리 정의롭고 선한 일을 하는 가게의 상품을 팔아주자는 의미로 사용된다. 우리는 사실 '착한' 것을 바라고 추구하며 살고 있다.

그러니 이런 '착하다'는 말이 '희생'이라는 말과 섞여서는 안 된다. 내 한 몸 희생해 상대방이 원하는 것을 모두 주는 것은 나에게는 배려가 없는 몹쓸 짓이다. 오히려 타인의 입장을 이해해주고 나의 것을 나누어 주어서 같이 유익할 수 있는 것이다.

진짜 잘되는 사람들의 비밀

최근, 대기업의 회장님들이 SNS에 자신을 드러내는 것을 많이 볼 수 있다. 그렇게 자신의 모습을 드러내 일상을 공유거나 자신의 성격이 드러날 수 있는 모습을 많이 보여준다. 이런 모습들에 사람들은 호감을 가지며 기업 이미지도 같이 좋아지곤 한다.

사람들은 '내가 소비하는 상품을 만든 사람은 누구?'에 관심이 있다. 상품이 넘쳐흐르는 지금, 상품의 품질과 함께 누가 만들고 판매하는지도 중요한 시대이다. 우리가 구입할 상품을 선택할 때, 이성적인 판단보다 감성적인 판단을 더 많이 사용한다. 독일의 경제학자 한스-게오르크 호이젤은 『뇌, 욕망의 비밀을 풀다』에서 "감정이 개입하지 않는 구매 결정은 없다."고 했다. 설사 가격이 조금 더 비싸더라도 신뢰할 수 있는 상품을 산다는 것이다. 기업들이 이미지가 좋은 연예인들을 홍보모델로 내세우는 것도 이런 이유 때문이다. 홍보하는 연예인이 상품의 이미지로 연결이 된다. 실제 상품의 질과 광고 모델은 전혀 상관이 없음에도 불구하고 말이다.

반대로 사람이나 기업이 성공하는 것에 있어서 도덕성은 중요한 요건 중 하나이다. 아무리 세계 최고의 기업이라도 대표의 갑질이나 뇌물, 불륜 등의 문제가 뉴스가 되는 날에는 그 기업에 대한 신뢰도가 한순간에 추락하는 것을 흔히 보기도 한다. 인터넷으로 예전에 비해 많은 정보가 투명하게 공유되는 지금 이 시대에 누군가의 부정행위는 공개되기 쉬운 세상이 되었다. 옛날에 있었던 어쩌면 물질적인 증거도 남아 있지 않았을 학교폭력에 대한 이야기도 나와 유명인들의 발목을 잡는 세상인 것이다.

몇 년 전, 탐스라는 신발이 크게 유행한 적이 있다. 이 기업에서 선보이는 신발은 편안한 착화감과 심플한 디자인, 저렴한 가격대의 신발로 색깔별로 다양하게 소개하고 있었다. 우리 친구들 사이에서도 탐스 신발 하나씩은 가지고 있었다. 그런데 그 당시 이 신발이 선풍적인 인기를 끌었던 데는 또 다른 이유가 있었다. 바로 사회적인 공익을 위해 신발 하나를 사면, 신발 하나를 아프리카의 아이들에게 선물한다고 마케팅을 한 것이다.

예쁜 디자인과 저렴한 가격대의 신발을 구입하는 것만으로 사회적인 공익을 위한 것이라니 사람들은 선뜻 지갑을 열어 신발을 구입했다. 색깔별로 몇 켤레씩, 그리고 커플 운동화로 구매하는 사람들도 많았다.

지금이야말로 바르고 선한 사람들에게 유리한 세상이다. 착한 사람들이 성공하고 오래가는 당연한 시대이다. 어떤 상황에서 옳고 그른지를 판단해 윤리적인 선택을 하는 사람들이 결국은 성공하고 오래간다. 사람들의 마음속에는 '선함'의 가치를 중요하게 여기고 있기 때문이다.

우리가 모두 성장할 수 있는 방법

그렇다면 어떻게 선함을 브랜드 전략으로 실행하여 이익을 추구할 수 있을까?

첫 번째 방법은 다른 사람들을 위하는 일을 찾아보는 것이다. 일을 하고 돈을 번다는 것은 단순히 나에게 들어오는 수익만을 생각해서 되는 것이 아니다. 역설적으로 수익이 나고 이익을 실현하기 위해서는 직원들과 소비자들을 만족시키고 그들에게 줄 이익을 생각해야 한다. 소비자들이 얻을 이익을 구체적이고 직관적으로 적은 것이 바로 브랜드 아이덴티티이다. 소비자들이 가지고 갈 수 있는 혜택과 이익을 생각할수록 소비자들의 선택을 받는 상품이 되고 브랜드가 된다.

두 번째는 경쟁 회사와 불필요한 경쟁을 피하는 것이다. 〈골목식당〉이라는 프로그램에서의 백종원 대표의 메세지는 상생이다. 〈골목식당〉은 한 골목 안의 여러 식당에 조언을 해주지만 그들은 서로 경쟁을 하면서 손님을 빼앗아오지 않는다. 여러 종류의 맛있는 식당이 모여 있는 골목에 사람들이 몰려오고 그 골목 안에 있는 식당들이 서로 상생한다는 것이다. 서로 치고받고 싸우는 시간을 피하면 쓸데없이 들어가는 에너지의 손실을 막을 수 있다. 계속 싸우게 되면 둘 다 망가지는 경우도 많다.

바르고 정직함이라는 가치는 당장 드러나지 않을 수 있다. 검색창에 '착한 사람 콤플렉스'를 치면 착하게 살면 손해가 날 것 같은 말들이 결과로 나온다. 상대방에게 무시를 당하거나 이용을 당하기 쉽다고 해석되기 때문이다. 이것 때문에 때로는 지나치고 싶은 충동이 들기도 한다. 결국 정직은 남에게 인정받기 위한 행동이 아니라 내가 행복하기 위한 행동이다.

04

내게 필요한
단계별 멘토를 찾아라

나보다 한 발자국 앞서 나가는 사람들을 찾아라

유튜브를 운영하거나 책을 낸 사람들을 보면 영웅담 같은 일화가 많다. 인터넷상에 전설적인 성공을 거둔 사람들의 이야기도 많이 나온다. 아무것도 없는 상태에서 시작하기에 그 사람들의 이야기는 머나먼 이야기처럼 들리거나, 나와는 다른 세상의 이야기처럼 들리기 쉽다.

같은 동네 엄마들이 모여 자식들의 교육에 대해 고민을 토로한 적이 있다. 한 엄마가 중학생 아들의 수학 내신 성적을 올리기 위해 과외를 알아보고 있었다. 처음엔 여러 선생님을 알아보다가 좋은 학벌의 수학과를 전공으로 공부하신 선생님을 섭외해 과외를 시작했다. 그래도 성적에 별 도움이 되지 못했다. 급기야 아들의 이야기로 선생님의 설명이 너무 어려워 이해하기가 힘들다는 것이었다. 다른 선생님을 소개받아 과외를 하기 시작했다. 다름 아닌 고등학교를 갓 졸업한 신입 대학생이었다. 나이 차이가 크지 않고, 선생님 같은 외형이 아니라 고민을 많이 했다고 한다. 그러나 이 아들은 대학생 선생님을 잘 따랐다. 이 선생님은 자신이 학교 공부를 하면서 어려웠던 부분을 잘 이해하고 있었다. 그 아들이 어려워하는 부분에 대해 설명을 해주자, 아들은 수학에 대한 두려움을 극복하면서 성적이 오를 수 있었다.

내가 우리 다섯 살 쌍둥이 아이들에게 한글을 가르치기 위해 좋은 학벌의 국어국문을 전공하는 선생님을 데리고 오는 꼴이다. 오히려 엄마인 내가 한글 전문가는 아니더라도 아이들과 놀아주고 책을 읽어주면서 자연스럽게 알려주는 것이 더 효과적인 학습방법일 수 있다.

사람이 어떤 도전을 할 때, 동기부여가 도움이 많이 된다. 실제로 '동기부여 심리학'에는 이런 동기가 행동으로 유발될 수 있다고 설명한다. 동기에는 크게 2가지 종류가 있다. 어떤 보상 때문에 한 것은 외재적 동기에 일어났다고 하고, 행동 자체가 즐겁거나 흥미로워 한 것은 내재적 동기에 의해 유발된 행동이라고 한다. 그렇다면 어떤 동기에 의한 행동이 지속적이고 효과가 있을까? 당연히 내재적 동기에 의해 유발된 행동이다. 내재적 동기로 인해 한 행동은 더 많이 즐길 수 있고 창의적인 행동이 된다. 나에게 내재적 동기를 일으키기 충분한 사람은 위인전에 나올 법한 전문가보다 비슷한 환경에서 먼저 시작한 옆집 언니가 될 수 있다.

처음 무엇인가를 시작하기 위해 강의를 들을 때, 아무리 전문가로부터 설명을 들어도 이해를 하지 못하는 부분이 많을 수 있다. 오히려 내가 그 분야에 대해 호기심이 생길 수 있게 이야기를 들려주는 편이 더 도움이 될 수 있다.

그렇게 한발 앞에서 걷고 있는 사람을 만날 수 있는 방법은 많다. 주변에서 먼저 시작한 사람들의 이야기를 들어봐도 좋다. 주변에 그런 사람이 없다면 '크몽'이나 '탈잉'과 같은 플랫폼에서 쉽게 찾아볼 수 있다.

멘토의 실패담을 들어라

'나폴레옹은 수필가로 실패했으며, 셰익스피어는 양모사업가로 실패했으며, 링컨은 상점 경영인으로 실패했으며, 그랜트는 제혁업자로 실패했다. 하지만 그들 중에 어느 누구도 포기하지 않았다. 그들은 다른 분야로 옮겨가 자신에게 맞는 일을 찾아 노력했으며 결과는 우리가 알고 있는

그대로다.'

프랭크 미할릭의『느낌이 있는 이야기』에 나온 이야기다.

인간은 완벽하지 않다는 것쯤은 누구나 아는 이야기다. 또한 처음부터 걷거나 뛰는 사람도 없다는 것도 안다. 그러나 우리는 성공한 사람들의 성공스토리에 집중을 하는 경향이 있는 것 같다.

주변의 많은 성공한 사람들도 마찬가지다. 자신에 대해 이야기 할 때, 성공한 일에 대해서 이야기하곤 한다. 가끔 그런 이야기들을 들으면 그들이 하는 일이 매우 쉽게 느껴지거나, 그들이 천재적인 재능을 가지고 있다고 생각하기 쉽다.

누구나 자신의 인생에 기승전결이 있듯이 실패하거나 좌절했던 순간들에 대한 이야기가 있기 마련이다. 우리는 이런 실패담에 집중해야 한다. 그 이유는 실패를 딛고 일어나는 순간의 이야기가 도움이 되기 때문이다. 잘 되고 있을 때, 잘하는 것은 비교적 쉽다. 그러나 주변의 환경으로 인해 안 되는 것을 되게 바꾸는 힘은 쉽게 할 수 없는 일이다. 보통 한 번 넘어지면 실패했다는 좌절감으로 다시 일어나는 것을 힘들어하는 사람들을 많이 봤다.

'성공곡선'이라는 말이 있다. 즉 목표를 가지고 시작해도 처음에는 좀

처럼 성과가 나타나 보이지 않는 것이다. 심지어 실패한 것처럼 성과가 마이너스로 보이는 사람들도 있다. 스타트업 대표들은 이 구간을 '데스밸리'라고 부른다. 누구나 처음 시작에 이런 구간이 오기 마련이다. 그 구간을 극복한 사람들이 상승곡선을 그릴 수 있다. 먼저 길을 가본 사람들의 이 '데스밸리'를 극복하는 방법에 대해 듣는 것이 훨씬 빠르게 성공으로 가는 지름길이다.

나의 경험을 나누어라
(확실히 알 때는 남을 가르칠 수 있을 때다)

내가 안다고 생각하는 것을 실제로 글로 쓸 때는 많은 차이가 있다. 머릿속에서 두루뭉술하게 알고 있는 것이 막상 쓸 때는 내가 부족한 부분이 여실히 드러난다. 또한 글을 쓰는 것을 다른 사람에게 설명하는 것은 또 다른 문제이다. 쓴 글에 대해서 다른 사람들을 가르치기 위해서는 지식을 완전하게 이해하고, 자유자재로 설명할 수 있도록 입체적으로 이해하고 있어야 한다. 우리가 더 빨리 전문가가 되려면 가장 빠른 방법은 바로 다른 사람들을 가르치는 것이다.

내가 무엇인가를 일을 하고 있다면, 나보다 한발 뒤처져 뒤에서 오는 사람들을 가르쳐 보는 것을 추천한다. 내가 이렇게 권유할 때 사람들은 보통 2가지 반응이다.

첫 번째는 자신이 아직 부족하고 배워야 할 것이 많다고 두려워하는 것이다. 지금까지의 자신이 해온 일에 대해 부족함을 느끼며 계속 배우는 데에만 돈을 쓰는 사람들도 많다. 겸손하고 계속 배우려 하는 자세는 좋지만 자신에 대해 너무 한계를 만들어놓고 있는 것이다. 사람들은 자꾸 다른 사람들과 자신을 비교하는 경향이 있다. 그리고 그 비교 대상을 너무 유명한 사람을 놓고 하기도 한다. 그 비교하는 대상도 처음에 시작이 있었기 때문에 그 자리에 올라갈 수 있었다.

온라인 쇼핑몰을 운영하는 어떤 대표님이 실수로 자신의 쇼핑몰에 건강기능식품에 대해 설명을 올렸다가 경찰고발을 당한 일이 있었다. 경찰조사를 받으러 가서 그 대표는 '처음'이고 '초보'라 실수를 했다고 말했지만 그 말로 사건이 해결되지 못했다. 결국은 몇 개월의 영업정지를 당하고서야 이 사건이 마무리되었다.

우리가 사회에서 일을 함에 있어서 '초보'와 '처음'이라는 말은 통하지 않는다. 신입직원이어도 그 회사의 직원인 것이고, 초보 쇼핑몰 운영자라도 쇼핑몰의 어엿한 대표인 것이다. 그리고 누구나 처음은 있다. 처음 시작하는 사람들을 위한 강의도 있어야 한다. 이것은 겸손한 것이 아니다. 사회생활에서는 모두가 프로이고 프로답게 행동해야 한다. 자신이 시작한 지 얼마 되지 않았더라도 오히려 처음 시작하는 사람들의 어려운 부분을 더 잘 이해하고, 최신의 정보를 이야기해줄 수 있는 것이다. 내가 부족하다고 느끼는 시간에 알려줄 수 있는 것을 찾는다면, 나만의 특징을 살린 강의가 나올 수 있다.

두 번째는 내가 체득한 노하우로 모두 알려주면 나의 영역을 빼앗기지 않을까에 대한 염려를 하는 것이다. 내가 아는 것을 모두 풀지 않기 위해 일부분만을 알려주는 사람도 있다. 내가 아는 모든 것을 나누어도 한 번에 모두 이해하고 그대로 따라 하는 사람이 거의 없다. 또한 나는 지식을 나눔과 동시에 내가 알고 있는 것들을 확고히 다지고 강의를 들은 사람들의 피드백을 더 할 수 있기 때문에 나는 한 발자국 더 나간 것이다. 상대방의 피드백에 의해 나의 지식에 어떤 부족한 부분을 채울 수 있는지, 어느 쪽으로 더 강화할 수 있는지 점검할 수 있는 것이다. 다른 사람들을 위해 가르치는 것은 결국 나를 위한 것이기도 하다.

작심삼일로 끝내지 않는
4가지 스킬

작심삼일을 이겨내려면 어떻게 해야 할까?

대부분의 사람들이 새로운 공부를 시작하기 전에 비장한 자세로 책상에 앉아 하는 일이 있다. 바로 계획 세우기다. 시간대별로 해야 하는 일들을 빽빽이 채워 넣고 의지를 불태운다. 그뿐인가. 공부를 시작하기 위해 필기구도 새로 장만한다. 책을 사고 볼펜과 공책을 산다. 첫날은 그럭저럭 계획한 대로 일을 해내었다. 두 번째 날도 첫날만큼은 아니지만 실행하기는 한다. 세 번째 날이 되자 새로 시작한 일을 하지 않아도 되는 갖은 핑계들이 생겨나기 시작해서 계획한 진도의 반도 끝내지 못한다.

네 번째 날이 되자 하지 안 해도 되는 이유들이 명확한 사유가 되어 '어쩔 수 없이' 슬그머니 그만둔다.

바로 나의 이야기다. 매해 새해가 되면 야심 찬 계획을 세워 다이어리와 펜들을 새로 장만해놓지만, 일주일만 지나면 계획표는 온데간데없이 사라지곤 했다. 이렇게 내가 세운 수많은 계획들은 원래 없었던 일이 되어 버리곤 했다.

반대로 남편은 나와는 다르다. 그는 해야 할 목표를 정하면 끝을 봐야 다른 목표로 넘어가곤 했다. 평일에 회사를 다니면서도 바쁜 시간을 쪼개가며 목표한 것을 달성하곤 했다. 그 결과 그는 직장생활을 하면서도 '펀드투자상담사', '증권투자상담사', '토플' 등 여러 시험에서 목표한 바를 달성했고 '조주기능사' 자격증까지 땄다.

그렇게 하나씩 목표를 달성하는 남편의 모습을 보면 대단하다는 생각과 함께 '나는 왜 저게 힘들까?'라는 자책감에 괴로워하곤 했다. 한 번도 표현하지는 않았지만 남편의 속마음에서는 나를 의지가 약한 사람으로 보고 있는 것 같았다.

정신과 의사 이시형 박사는 『공부하는 독종이 살아 남는다』에서 작심삼일은 뇌에서 일어나는 당연한 반응이라고 설명한다. 새로운 목표를 세우면 우리의 뇌는 부신피질방어 호르몬이 나와 72시간 동안은 어떻게든

버텨낸다. 신기하게도 이 호르몬의 작용시간이 지나 호르몬이 끊겨버리면 우리의 뇌는 새로운 도전을 스트레스라고 받아들여 포기하게 된다. 존 노크로스 미국 스크랜턴대 교수에 따르면 "새해 목표를 세우는 사람들의 32%는 2주 이내, 50%는 6개월 이내에 결심을 포기한다."고 했다. 나의 작심삼일 습관은 나만의 문제가 아니라 '뇌'의 문제라는 것이다.

그렇다고 계속 뇌의 작용에 핑계를 대며 살아갈 것인가? 만약 모든 사람들이 작심삼일이 당연하다고 받아들이고 이겨내지 않았더라면 우리의 생활은 조금의 발전도 없었을 것이다. 우리의 삶도 마찬가지다. 집에서 육아를 하며 느낀 것 중 하나는 가만히 있으면 제자리에 머물러 있는 것이 아니라 후퇴한다는 것이다. 우리가 앞으로 나아가기 위해서는 목표를 설정해야 하고 목표를 이루기 위해서는 작심삼일부터 버려야 한다.

목표달성을 위해 작심삼일을 이겨내려면 어떻게 해야 할까? 의지를 강하게 세우면 가능할까? 억지로 한다고 되는 일이 아니다. 우리가 실천을 지속하는 것은 그 과정을 재미있는 것으로 인식하고 즐기는 것으로 가능하다. 뇌 과학을 알면 좀 더 쉽게 적용할 수 있다.

① 지금 당장 시작한다

우리는 본능적으로 야생으로부터 자신을 보호하기 위해 방어기제를 사용하도록 되어 있다. 새로운 변화가 감지되면 두려움으로 감지되어 싸우거나 회피하게 된다. 목표를 설정하고 실행하는 데 있어서 시간이 길어지면 변화를 '두려움'으로 그리고 실행과정을 '하기 싫은 일'로 인식하게 되고, 우리의 뇌는 이 일을 안 하기 위해 온갖 노력을 다한다. 잘 세운 목표도 아무리 의지를 강하게 가져도 지속될 수 없다.

신기하게도 우리의 뇌는 새로운 일에 대한 호기심과 모험을 좋아하기도 한다. 일단 지금 바로 작은 일이라도 시작하면 우리의 뇌는 좋고 싫음을 판단할 겨를도 없이 새로운 일에 대한 호기심과 모험심으로 도전을 시작할 수 있게 된다.

② 칭찬은 고래도 춤추게 한다

우리의 뇌 속에는 '도파민'이라는 호르몬이 분출된다. 이 '도파민'의 역할은 여러 가지가 있는데 그 중 하나는 보상 체계를 관리하는 것이다. 우리는 목표로 정한 것을 해낼 때 도파민을 분출하여 같은 행동을 지속 하게끔 한다. 칭찬을 이용하면 좋은 습관이 만들어질 수 있는 것이다. 많은 엄마들이 이와 같은 방법으로 육아를 한다.

쌍둥이 아들이 기저귀를 뗄 때 일이다. 쌍둥이들이 좋아할 만한 알록달록 색깔의 유아용 변기를 구입해 설치했다. 쌍둥이는 그 변기에 관심을 가지며 만져보기도 하고 그 변기 위에 앉아 보기도 했다. 며칠이 지나자 그 변기는 쌍둥이들에게 익숙한 물건이 되어 거들떠보지도 않았다. 아무리 '변기에 쉬를 해야 한다'고 이야기해도 무용지물이었다. 그러다가 3개월이 지나도록 기저귀를 떼지 못했다. 어느 날 셋째 아들의 기저귀를 갈아주며 '셋째도 쉬가 마려우면 형들처럼 변기에 쉬를 해야 한다'고 이야기해주는데 마침 쉬가 마려웠는지 변기에 달려가 쉬를 했다. 너무 놀라 마음을 다해 폭풍 칭찬을 해주었다. 그 후 셋째는 어김없이 변기에 쉬를 하고 나를 데리고 가서 용변을 본 변기를 자랑하곤 했다. 그 장면을 본 쌍둥이들도 점차 변기에 적응하기 시작했다.

그렇다면 다른 사람의 칭찬만이 도파민을 분출시킬 수 있을까? 다행스럽게도 아니다. 우리의 뇌는 스스로 하는 칭찬도 다른 사람에게 칭찬받은 것으로 간주하여 도파민을 마구 분출시킨다.

한 가지 주의해야 할 점은 도파민을 과다분출하게 되면 오히려 역효과라는 것이다. 새로운 것도 계속되면 익숙해지는 것처럼, 도파민은 익숙해지는 순간 분비가 감소된다. 그러면 우리의 뇌는 도파민 분출이 줄어들었을 뿐인데 공허해진다고 느낀다. 결국 도파민을 지속적으로 분출시키려면 점점 더 강렬한 자극을 주어야 한다.

양날의 칼인 도파민은 작심삼일을 연장시킬 고마운 호르몬이면서도 과할 경우 우리 몸에 부정적 영향을 끼치기도 한다.

③ 성취할 수 있는 작은 목표들로 나눈다

피터 허먼 캐나다 토론토대 심리학과 교수는 실현 가능성이 낮은 계획과 목표를 세우는 것을 '잘못된 희망 증후군(The False-Hope Syndrome)'이라고 했다. 위에서 새로운 일을 접하면 우리의 뇌는 호기심도 생기지만 두려운 감정도 생겨 저항하게 된다는 이야기를 했다. 목표가 너무 거대하면 호기심보다 두려움이 더 크게 작용하게 된다. 그러나 두려움이 느껴지지 않을 정도의 작은 일이라면? 호르몬의 저항 없이 즐기며 성취할 수 있다.

나는 항상 목표설정을 크게 하는 경향이 있었다. 공부계획을 세우면 과하게 많은 범위를 하루 계획에 잡곤 했다. 내 머릿속에서는 그 계획들을 이루는 것이 가능할 것만 같았다. 오늘 해야 할 일이 3가지라면 나는 5개까지 하루 계획에 포함시키곤 했다. 그렇게 무리한 계획은 하루에 다 끝내지 못해 다음날로 밀리게 되고, 다른 일들도 줄줄이 미뤄지곤 했다. 내게 맞는 목표를 세운 것이 아니라면 그 목표는 환상에 불과하다. 이런 목표는 하루빨리 버리는 것이 좋다. 이루지 못해 좌절감을 안기기 때문이다. 지금은 이룰 수 있는 목표로 수정하여 이루어낸 다음에 그다음 목표로 설정하는 것이 좋다.

내가 집중할 수 있는 시간을 파악한다. 10분이라도 좋다. 핸드폰과 인터넷을 꺼놓고 완전히 몰입한다. 그 몰입감이 얼마나 기분 좋은지 경험을 하게 된다면 10분 이상 몰입할 수 있는 힘이 생긴다.

④ 습관으로 만든다

우리의 뇌는 시냅스라는 신경물질로 연결이 되어 있다. 어떤 경험이나 굳어진 생각들을 바꾸기 쉽지 않은 것도 이 때문이다. 과거 습관을 바꾸기 위해서는 뇌의 시냅스 연결을 끊어 내거나 연결을 바꾸는 것이다. 그러나 하루아침에 시냅스의 연결을 끊어내기란 쉽지 않다. 차라리 시냅스의 새로운 연결을 위해 노력하는 것이 훨씬 쉽고 나은 방법이다.

새로운 시냅스들이 연결하기 위해서는 약 3주의 시간이 필요하다. 뇌가 이 시간 동안 새로운 연결을 위한 세팅을 하는 데 걸리는 시간이었다. 작심삼일을 7번 반복을 하면 습관이 만들어질 수 있는 것이다.

위에서 이야기한 방법대로 해왔다면 이것을 3일 이상 지속해야 한다. 이를 위해 3일 이후 다시 계획을 검토한다. 계획이 잘 진행되고 있는지 잘 이루어지지 않고 있다면 이유는 무엇인지 파악한다. 목표를 잘게 쪼개고 스스로를 칭찬하며 계획대로 잘 이루어지고 있다면 조금 더 큰 목표를 세워 봐도 좋다. 혹은 잘 이루어지지 않았다면 더욱 작은 목표로 수정할 수 있어야 한다. 심지어 목표가 너무 이상적이고 과감히 접는 것도 좋다.

정리해보면 목표를 세우고 이루는 과정은 아래와 같다.

큰 목표 – 작은 목표들 – 도전 – 성취(도파민 분출) – 습관 – 숙달 – 향상 – 달성

'아니, 큰 목표를 세우면 저항감이 생긴다고 해놓고 제일 먼저 세우는 이유는 뭐야?'

이렇게 생각할 수 있을 것이다. 큰 목표를 먼저 세우는 것은 방향 설정과도 같다. 운전을 하고 있다고 가정해보자. 우리가 아무리 좌회전 우회전을 잘하더라도 최종 도착지가 설정되어 있지 않다면 소용이 없다. 방향설정이 올바르게 되어 있어야 중간에 길을 잃더라도 포기하지 않고 목표를 향해 갈 수 있다.

06

아들 셋을 키우며 일할 수 있었던
시간 관리 비법

육아하면서 시간관리는 어떻게 하세요?

"저는 아침형 인간으로 하루를 새벽 4시에 시작해요. 커피를 마시고 10분 동안 명상을 하고 1시간 책을 읽고, 1시간 일을 한답니다."

내 이야기냐고? 아니다. 사람들에게 아들 셋을 키우고 있다고 말하면 뒤에 이어지는 레퍼토리가 있다.

"힘들겠어요."

"애국자이시네요."

그리고 최근에는 그다음 질문이 생겼다.

"육아하면서 시간 관리는 어떻게 하세요?"

다른 자기계발 책에서 보면 시간 관리에 대해 자세하게 설명되어 있는 것들이 많다. 나도 한때 많이 따라 했다. 그리고 '언젠가 나한테 이렇게 물어보면 나의 방법을 얘기해야지.'라는 생각도 했다.

핸드폰에는 매일 새벽 4시에 알람이 설정되어 있었다. 하루라도 그 알람 소리에 일어나지 못하면 그날 하루는 시간 조절에 실패한 패자가 되었다. 일어나더라도 그 시간에 일어났음에 성취감을 느끼고 난 후에는 빈둥거리는 시간도 있었다. 새벽 기상을 계획하고 정말 많이 노력하는 것 같은데 진도가 나가지 않는 것을 보고 화가 나기 시작했다. 늦잠만 자던 내가 무려 새벽 기상까지 했는데 세상은 내 노력을 너무 몰라준다고 생각했다.

그런가 하면, 나름대로 일을 하고 있다는 핑계로 아이들과의 놀이시간을 소홀히 보냈다. 아이들끼리 놀도록 내버려두고 노트북을 켜놓기 일쑤였다. 아이들은 내가 노트북만 열면 자판이 신기해서 내 무릎으로 모여

들었다. 세 장난꾸러기들이 자판을 뚱땅뚱땅 만지고 나면 노트북에 이상한 설정이 되어 이것을 푸는 데만 하루 이상 꼬박 소요되곤 했다.

'도대체 내 일을 할 수가 없잖아.'라며 내 시간이 절대적으로 부족하고, 말썽쟁이 아이들 때문에 진도가 나가지 않는 것이라고 핑계를 대기 시작했다.

나는 스스로 멀티태스킹에 능숙하다는 점을 장점으로 생각했다. 여러 가지 일을 머릿속에 집어넣고 동시다발적으로 일처리를 한다고 생각했다. 새벽에 일어나도 항상 바쁘고 정신은 없는데 진도는 얼마 나가지 않는 것이다. 기한이 닥쳐야 겨우겨우 끝내곤 했다.

또한 하루에 많은 업무를 처리할 수 있다는 점을 스스로 뿌듯해했다. 그러나 시간이 지나고 돌이켜보면 제대로 되어 있는 일이 거의 없었다. 이대로는 안 되겠다 싶어 객관적으로 상황을 세세하게 나열해보기 시작했다. 그리고 나만의 규칙을 몇 가지 정하게 되었다.

① 환경 바꾸기

내 시간의 쓰임과 기한이 있는 목표를 설정한 후, 가장 먼저 한 것은 내 환경을 바꾼 것이다. 핸드폰을 할 때를 생각해보면 무엇인가를 검색하려고 초록창을 열었다가 어느샌가 엉뚱한 기사를 읽고 있거나 쇼핑을 하고 있을 때가 많았다. 유튜브로 강의를 들을 때에도 강의를 듣다가도 아래 알고리즘에 의해 눈에 띄는 섬네일이 보이면 엉뚱한 채널을 보느라 시간을 보내고 있는 경우가 많았다.

환경을 바꾸기 위해 가장 먼저 한 일은 유튜브의 구독 채널을 재설정한 것이었다. 다양한 채널들을 구독하고 있었는데, 긴급하지도 않고 중요하지도 않다고 판단한 오락성 채널은 모두 구독 해지를 눌렀다. 유튜브 구독 채널만 설정해도 하루에 1시간씩 더 확보할 수 있었다. 밤에도 온갖 채널들을 둘러보느라 늦게 잠드는 일도 줄었다.

책상에 앉을 때 핸드폰은 무음으로 해놓았다. 책상 앞에서는 진동 소리 또한 크게 들리곤 한다. 진동 소리가 들리면 그때부터는 왜 울렸을까 하는 궁금증에 도무지 집중할 수가 없었다. 확인만 하고 다시 내려놓는 것이 아니라 이것저것 살펴보느라 30분은 금방 지나가곤 했다.

② 내 시간의 쓰임을 파악하기

'내가 정말 다시 일하고 싶은 마음이 있는 걸까?'

스스로에게 되물었다. 나는 왜 새벽 4시에 일어나서 일할 계획을 세운 것일까. 하루 일과 중 새벽 4시간, 아이들이 어린이집을 가는 6시간, 총 10시간이나 일을 하고 있는데 왜 효율적이지 못할까. 무엇을 위해 일을 하고 있나. 이러한 질문을 하고 답해보았다. 아침에 일어나서 잠자리에 들기까지 30분 간격으로 시간표를 작성해보았다. 이렇게 정리를 해보니 문제점이 하나둘씩 보이기 시작했다.

첫째, 나는 새벽형 인간에 집착을 하고 있었다. 이케다 지에의 『새벽형 인간』이라는 책은 엄청난 파급력을 몰고 왔다. 많은 사람들이 그 책을 읽었고, 심지어 읽지 않은 사람들도 '아침형 인간'이라는 단어는 한 번쯤 들어봤을 정도였다. 그 책을 읽지 않은 나조차 '새벽형 인간이 되어야 성공할 수 있다'는 것이 공식처럼 무의식에 박혀 있었다. 새벽에 일어나지 못하면 목표달성에 실패한 것 같은 느낌이 들었던 것이다. 게으름의 기준을 기상 시간에 두고 평가했다. 그 전날 아무리 늦은 시간에 잠이 들었더라도 말이다. 시간 관리는 나의 목표를 효율적으로 달성하기 위한 하나의 수단이다. 나는 수단에 너무 집착한 나머지 정작 이루어져야 하는 일을 놓치고 만 것이다.

두 번째는 대부분의 나의 시간을 급하지도 않고 중요하지도 않은 것들에 많이 쓰고 있다는 것을 알아냈다.

『일처리가 빠른 사람들의 시간관리 비밀』(도지 가즈야, 2019)에서 해야 할 일은 4가지로 나눌 수 있다고 설명하고 있다. 긴급하고 중요한 일(Must Task), 긴급하진 않지만 중요한 일(Valuable Task), 긴급하지만

중요하지 않은 일(Should Task), 긴급하지도 않고 중요하지도 않은 일
(Worthless Task).

먼저 내가 하는 일들을 쭉 적는다. 그리고 그 옆에 위 4가지 중 어디에
해당하는지 체크해본다. 그리고 각 영역별로 분류한 일에 투자하거나 소
비한 시간을 모두 합산한다. 비율도 산출한다. 나의 하루가 어느 영역에
집중되고 있는지 파악할 수 있다. 두 번째 일, 즉 긴급하진 않지만 중요
한 일(Valuable Task)에 많은 시간을 투자해야 자기 관리가 된다고 이야
기할 수 있다. 그리고 목표를 효율적으로 달성할 수 있다.

나의 경우 첫 번째 영역과 네 번째 영역에 많은 비중을 두고 시간을 쓰
고 있었다. 해야 할 일들을 마감기한까지 미루다가 닥쳐서야 끝을 내는
것이다. 그렇게 턱에 숨이 차서야 끝을 내고, 보상 차원에서 긴급하지도
중요하지도 않은 일을 하며 포상을 하고 있었다.

기상시간에 대한 강박보다 나에게 맞는 방향 설정하기

나의 현재 상황을 파악해보면 다섯 살 쌍둥이와 네 살 막내, 이렇게 아
들 셋을 키우고 있었다. 내가 사용할 수 있는 시간은 아이들이 어린이집
을 가는 시간인 10시부터 4시까지였고, 아이들이 잠든 후나 새벽이었다.
나의 목표는 누구에게도 기대지 않고 주체적인 삶을 살 수 있도록 경제

적인 독립을 하는 것이었다. 또 한 가지 문제점이 발견됐다. 목표가 너무 애매해서 그 목표를 달성하기 위해 시간을 어떻게 써야 하는지 모르는 것이었다.

먼저 내가 원하는 방향을 설정했다. 나에게 아이들을 케어하는 것도 일을 하는 것만큼 중요하다. 그러나 실제로는 아이들과 있을 수 있는 시간은 정해져 있는데 마음이 일에 가 있느라 엄마의 역할을 어중간히 하고 있었다. 문제점을 파악하고 나니 계획을 수정하는 것은 쉬웠다. 어린이집에서 하원 하는 시간인 4시부터 잠드는 시간 10시까지는 무조건 육아에 집중하는 시간으로 정했다.

일의 목표를 작게 나누기로 했다. 스마트스토어와 쇼피 등에 하루에 몇 개의 상품을 올려야 하는지 정하고 판매로 이어지게 하기 위해 공부를 해야 하는 시간, 마케팅을 해야 하는 시간 등으로 세세하게 나누어 시간을 다시 짰다. 점차 내 스케줄이 정리가 되었다. 한정된 시간과 기한이 있는 목표를 설정해 놓으니 저절로 네 번째 영역인 긴급하지도 중요하지도 않은 일을 할 시간이 줄어들었다.

나만의 리듬 만들기

사람마다 자신만의 리듬이 있다. 나에게 맞는 수면시간도 다르다. 아인슈타인은 하루 10시간을 자는 것으로 알려졌다. 나만의 생활 리듬을 파악해 거기에 맞는 목표를 설정해야 한다. 시간 관리의 핵심은 얼마나 많은 시간을 할애했느냐가 아닌, 시간을 목표 방향에 맞게 사용했는지이다. 위에서처럼 내 시간의 쓰임을 파악한 후, 시간별로 집중해야 하는 일들을 정리하고 나니, 아이들을 재울 때 같이 잠이 들고 새벽 5시면 저절로 눈이 떠졌다.

새벽에 눈이 떠지자 두 번째 영역인 중요하지만 긴급하지 않은 일에 집중할 수 있는 시간을 얻었다. 자기계발에 투자할 시간이 저절로 확보된 것이다. 새벽형 인간이라야 성공한다고 생각해서 실행했을 때와 컨디션도 확연히 달랐다. 잠을 충분히 자니 아침에 일어나도 개운하게 일어날 수 있었다.

나의 그릇을 파악하고 방향에 맞게 시간을 쓰는 것이 중요하다. 너도나도 자기계발을 해야 하는 시대이고, '이렇게 하면 성공한다.'라는 이야기를 흔하게 볼 수 있다. 처음에 유튜브나 SNS를 통해 소개된 방법을 따라한 적이 있었다. 시도해보며 나의 방향에 맞는 방법으로 하루의 리듬을 만들어보자. 남들과 똑같이 하지 못한다고 성공과 멀어지는 것이 아니다.

우리는 생산성을 높이기 위해 시간 관리를 한다. 결국 생산성을 높이는 것은 더 많은 일을 해내는 것이 아니라 옳은 방향의 일을 해내는 것이다.

07

브랜드를 준비하는
사람들에게

모든 것이 익숙하고 완벽한 삶을 사는가?

우리가 무엇인가 도전을 하기로 마음먹었다면, 그 마음은 우리에게 있
는 어떤 결핍에서 나왔을 가능성이 있다. 우리는 지금의 상황에서 무엇
인가 더 나은 상황을 원하기 때문이다. 결핍은 때로 우리를 강하게 만든
다.

내가 우울함에 주변을 탓하고 있을 때는 무척 외롭고 괴로웠다. 하지
만 지금 돌이켜보면 그 시간들이 내게 다시 시작할 수 있는 결핍을 알려

준 것 같다.

모든 것을 다 가졌을 것 같은 재벌 2세나 3세가 마약을 접했다는 뉴스를 본다. 이런 소식들이 모든 것이 완벽한 것처럼 보여도 그렇지 않을 수 있고, 완벽하더라도 그것이 독이 될 수 있다는 것을 알려주는 것 같다. 모든 것이 익숙하고 완벽한 삶에서는 도전이 무의미한 것처럼 느껴지기 쉽다.

우리는 완벽하지 않고, 그래서 도전할 수 있다

꼭 세상을 구하는 영웅이 되거나 천재적인 능력을 인정받는 위인이 되라는 것이 아니다. 나의 한계를 결정하고 있는 것이 나 자신인지 살펴봐야 한다. 그리고 그 한계를 벗어나보아야 한다. 나는 내가 생각한 것보다 더 많은 것을 할 수 있다.

물론 누구에게나 한계가 있다. 누군가에겐 신체적 한계가 있을 수 있다. 정신적인 혹은 지식적으로 완벽한 사람도 그러나 우리는 대개 자신의 한계와 '안 되는 점'에 더 초점을 맞추고 산다.

도전하고 성취해나가는 데 방해가 되는 것은 내가 나에 대해 한계를 설정했기 때문인지도 모른다. 나를 브랜딩 하고 그 브랜딩을 이용해 직업을 가지기로 마음을 먹었다면 직접 도전하자. 실패하더라도 그 일에 대한 경험이 축적되고 노하우를 얻게 된다. 그것들은 나만의 자산이 되어 다시 도전할 용기를 준다. 의지를 굳게 다잡는 기회가 된다. 하지만 시도를 하면서도 소심하게 도전하고, 열심히 해보지도 않고 힘들다는 이유만으로 포기하거나 후회를 먼저 하게 되면 결국 실패하기 쉽다. 자신에게 없는 것만을 보는 사람들도 똑같다.

도전 자체가 멋지다. 가진 것을 긍정하자. 할 수 있다고 믿자.
하늘은 스스로 돕는 자를 돕는다고 하지 않았던가.